高校篮球课程教学优化与探究

王飞宇 ◆ 著

吉林出版集团股份有限公司
全国百佳图书出版单位

图书在版编目（CIP）数据

高校篮球课程教学优化与探究/王飞宇著．— 长春：
吉林出版集团股份有限公司，2023.7
ISBN 978－7－5731－3958－0

Ⅰ．①高⋯　Ⅱ．①王⋯　Ⅲ．①篮球运动－教学研究－
高等学校　Ⅳ．①G841.2

中国国家版本馆 CIP 数据核字（2023）第 140813 号

高校篮球课程教学优化与探究

GAOXIAO LANQIU KECHENG JIAOXUE YOUHUA YU TANJIU

著　　者　王飞宇
出 版 人　吴　强
责任编辑　赫金玲
装帧设计　李艳艳
开　　本　710mm×1000mm　1/16
印　　张　8.75
字　　数　150 千字
版　　次　2023 年 7 月第 1 版
印　　次　2023 年 9 月第 1 次印刷

出　　版　吉林出版集团股份有限公司
发　　行　吉林音像出版社有限责任公司
　　　　　（吉林省长春市南关区福祉大路 5788 号）

电　　话　0431－81629679
印　　刷　吉林省信诚印刷有限公司

ISBN 978－7－5731－3958－0　　定　　价　58.00 元

如发现印装质量问题，影响阅读，请与出版社联系调换。

前　言

　　篮球是我国高校体育课程体系中的主要运动项目，深受大学生的欢迎和喜爱，对于大学生身体素质与心理素质的发展具有十分重要的作用。近年来，随着我国高校体育教学改革进程的不断加深，篮球教学改革工作也在如火如荼地进行。然而，由于受到传统教学模式的影响，我国高校篮球课程教学中存在的弊端也开始渐渐凸显，一些弊端影响着高校篮球课程教学水平的提升。近年来，我国也在逐渐加大对高校体育教学事业的支持力度，不断提供资金、技术与人才支持，使各大高校的基础建设水平也得以大幅度提升，这些都为我国高校篮球课程教学的发展与优化提供了良好的条件。但高校篮球课程教学优化不是一蹴而就的，而是一个漫长而复杂的过程。篮球教学工作在教学过程中存在着周期较长、成效较慢的特点，这些特点要求高校注意因地制宜、科学合理地开展教学改革与优化工作。

　　本书在深入分析我国高校篮球课程教学基础理论、教学中存在问题及改革思路的基础上，深入探究了高校篮球课程教学理念的优化以及"休闲体育"理念的渗透；多角度地研究了高校篮球课程教学内容多元化发展，以及高校篮球课程多元化教学方法、教学模式的应用；深入探讨了高校篮球课程教学环境的影响因素与优化策略；全面分析了高校篮球课程教学评价的现状及优化方式。本书在研究过程中，做到了理论与实践相结合，具有较强的实用性，以期为促进高校篮球课程教学效果提升提供参考。

　　本书在撰写过程中，参考并借鉴了一些国内外相关研究文献，在此谨向原著者表示衷心感谢。限于作者水平，疏漏之处在所难免，希望广大读者和专家多提宝贵意见，使本书日臻完善。

作　者

2023 年 2 月

目　录

第一章　高校篮球课程教学导论

第一节　篮球运动基本概述

一、篮球运动的特点

（一）高度与速度逐步统一

篮球运动从诞生之日起，争夺高空优势就成为其显著特点。从 20 世纪 50 年代开始，篮球便追求身高的优势，使篮球运动成了巨人的游戏。但这期间比赛双方攻守战术简单、打法呆板、比赛速度很慢、队员灵活性较差，使比赛的精彩程度、激烈程度大打折扣。随着篮球规则的修改（3 秒区扩大、制定 30 秒规则等），从 20 世纪 60 年代开始，篮球技战术水平有了新发展，这要求高大的队员技术全面发展，进攻由固定位置配合发展为换位进攻配合，为进攻创造了更多的机会。由此可见，身高在篮球比赛中固然重要，但速度、灵活性且技术全面也是必要的。

当今的比赛，"快速"已成为球队所必备的常规武器，这要求运动员增强快攻意识，提高快速作战能力和技术运用的转化速率。

人们对高度的认识，已不再局限于身体高度，而是包含了身高、弹跳力、滞空时间等因素。从身高到高度只一字之差，但反映了现代篮球运动已从单一的高空争夺发展为空间、高度与速度平衡的立体争夺。身高、技术、速度同步发展已成为现代篮球运动的特点之一。未来的篮球运动必然要向着高度与速度相互统一的方向发展。

（二）进攻与防守日渐平衡

进攻和防守是篮球比赛的两个对立面，二者在相互对抗中促进了篮球运动的发展。进攻是矛盾的主要方面，防守却是巩固得分同时又限制对方得分的重要方面。在长期的发展过程中，攻与守始终围绕着"平衡与不平衡"的矛盾，不断促进篮球技战术水平的提高，是篮球运动自身互相促进、共同发展的基本特征。进攻技战术水平的不断提高，必然促进防守技战术水平的提高，而防守水平的提高反过来又促进着进攻水平的进一步提高。比赛成功的队伍，通常是攻守平衡的队伍，当前国际篮球强队一般都能保持攻守平衡。攻守平衡已成为现代篮球技战术训练构思和确定具体打法的标准之一。

（三）身体与技术紧密结合

现代篮球运动要求运动员具备良好的身体素质，这不仅是掌握高难新技术的需要，也是实施先进战术的基础，更是比赛中发挥技术水平的保障。现代篮球比赛速度加快，高空争夺激烈。在地面攻守争夺中，运动员必须把速度和技术密切结合；在高空攻守争夺中，必须把身高、弹跳能力与技术密切结合。

（四）全面与特长兼备

培养既全面又有特长的篮球运动员是篮球运动发展的又一基本特点。一支球队拥有技术全面又有专项技能的核心队员的数量越多，其质量越高，获胜的可能性就越大，这也是反映球队实力的重要标志。20世纪60年代以前，运动员只要有一技之长就能在比赛中发挥作用。现代篮球运动由于运动员的身高不断增高，比赛的速度不断加快，攻守战术更加机动灵活，移动更加频繁，活动范围不断扩大，运动员必须掌握全面的技术才能在比赛中发挥更大的作用，才能成为一流的运动员。篮球运动员既要有全面技术，又要有专项技能。全面与特长均衡发展是篮球运动员必须具备的立足高水平赛场的资本。

（五）智力与体力并重

智力是指篮球运动员在比赛中能够运用自己的知识、经验来观察、判断并进行攻守行为的预测，体现其在场上随机应变，善于发现问题、分析问题和解决问题的综合能力。体力是指运动员在比赛中所付出的体能力量。当今各国球队大力发展运动员的身体素质和技术，在势均力敌的两队比赛中，运动员不仅需要有很好的体能来适应比赛的要求，而且其智力水平的高低往往是决定胜负的主要因素。

篮球运动员的智力具有综合性的特点，包括临场分析判断、战术意识、篮球理论知识运用、接受能力等。智力水平对掌握与运用技术、战术以及应变能力等影响巨大，尤其是在比赛中，队员一切行为，必须首先通过大脑思维才能做出反应，其判断、反应的准确度取决于运动员的智力水平。

（六）准确是获胜的保证

篮球运动从诞生之日起，就以比赛双方得分多少决定胜负，投篮命中率始终是比赛双方竞争的焦点，因此命中次数是决定胜负的根本因素。当前，一场比赛中投篮的次数仍在增加，尤其是三分球投篮命中率普遍提高，远、中、近多点投篮互相呼应。为了培养更多的投篮手，篮球队加强了投篮的训练，不仅增加投篮练习次数，提出命中要求，而且在提高投篮密度、强度和对抗能力等方面也进行强化训练。

为了在比赛中合理地运用技术，篮球运动除了要求投篮准确之外，技术动作的准确性也是至关重要的。传球的及时到位、运球的转换变化、投篮时机的把握以及防守判断的准确性等，不仅是技术运用好坏的首要标准，还是完成整体行动的基本保证。在运用技术的过程中，篮球运动要求运动员在空间、时间与地面的配合做到精细，只有做到思想统一、行动一致、变化及时、协调配合，战术的运用才能达到最佳效果。因此，准确是前提，快速和高度是条件，没有准确性做保证，快速和高度的优势会失去它应有的价值。

（七）对抗是技战术发展的核心

篮球运动是一项攻守双方直接对抗的竞技项目。现代篮球运动的显著特点，就是运动员常运用贴身攻防的对抗手段，以及在球场上形成的顽强对抗精神。一名运动员水平的高低、一支球队实力的强弱，在很大程度上取决于高强度、高负荷的对抗能力的强弱。

篮球运动的对抗部分表现在篮板球的争夺、拼抢位置和篮下强攻等方面。因此，篮球运动除了技术运用要具有对抗性外，在战术打法上也要适应激烈对抗的趋势。攻守高速转化能力、快节奏全场攻击能力、区域紧逼成功率等的运用实质上就是以球为中心争夺比赛的主动权。

篮球运动中的对抗，不仅需要爆发型的力量和反应速度做基础，还需要动作力量和动作速度做保证。运动员必须具备在攻守对抗中贴身防守与快速摆脱对手等抗衡能力。此外，为了保持比赛中的对抗强度及持久度，适时替换队员，使运动员在场上有充沛的体力，无疑是提高对抗能力的重要措施，这就要求每支球队必须缩小主力阵容和替补队员之间的技术差距，使每名运动员都要参与全队战术的磨合并且各自有一定的突出技能。

二、篮球运动的基本规律

篮球运动的基本规律是篮球运动本身固有的、个性的、本质的、必然的、相互联系的、反映篮球运动演进过程中普遍意义的某些特征与现象，这些联系着的特征、现象重复出现，并在一定条件下经常起着推动篮球运动发展创新的作用。因此说，篮球运动的基本规律就是篮球运动本身的若干本质间的关系。

（一）集体性规律

篮球运动的集体性规律，充分体现在团队精神和协作上，体现在球场上一切个人行动都要基于全队整体的目的与任务上。此规律的核心体现在"集体"上，要依靠集体的力量，倡导团结拼搏。正因为篮球运动是一项集体性的对抗项目，所以它要求每名运动员在比赛中必须做到齐心协力、紧密配合。只有把个人的技能融入集体之中，集体才能为个人提供最佳保障，给个人技术发挥创造更多、更好的机会。

篮球运动的集体性规律还体现在其不仅要求比赛场上的 5 名队员协同合作，而且要求充分发挥教练员的督战才华和场下替补队员的作用上，将全队作为一个整体来设计战术、制定战略。在现代高水平的篮球比赛中，速度、强度、对抗能力均已进入更高层次，球队能否充分发挥整体力量已是其能否承受高强度对抗的关键。

比赛中，运动员运动负荷量的大小，反映着其运动训练水平的高低。实践证明，除了少数运动员凭借其突出的体能和技能发挥作用较大、承受能力较强以外，绝大部分运动员在一般比赛中承受能力的最佳时段是 5～8 分钟，最多不超过 10 分钟，否则会因较长时间的缺氧而导致体能下降、观察判断失准和技术运用失调。如果场上 5 名队员都出现这种情况，势必会降低总体水平，导致在战局上被动。因此，教练员要充分利用篮球运动的集体性规律，有目的、有针对性地调动集体的积极性，善于调配与组合所有队员，以使球队始终保持充沛的体能潜力，保障全队每名成员充分发挥自身技能，从而掌握比赛的主动权，争取比赛的胜利。

（二）对抗性规律

篮球运动的对抗性规律，体现在无论是球队整体或运动员个体的意识与行为上，其根本目的都是采用合乎规则要求的手段（智谋、身体素质与技术、战术）在地面与空间制约对方，能否始终占有地面与空间优势和是否善于将地面与空间对抗优势转化为实际效果是其关键。因为篮球运动的魅力就在于其在特殊地面区域和空间位置进行短兵相接的近身攻与防，所以运动员应树立全方位对抗的观念，以智对抗、以力对抗、以技对抗、防中寓抗、抗中求攻、守中有抗和抗中有守。例如，近年来发展的地面与空间全场紧贴对手、身体主动用力的个人防守技术，一改过去有距离防守的旧观念，更重视合理运用手臂、腰、肩、腿、背等身体动作和力量，迫使对手难以施展技术特长和达到攻击目的。这种攻击性的防守技术带有明显的个人对抗性战术行动特征，类似近身格斗一样，形成了现代篮球"以人为中心"的追击性紧逼型防守，具有强大的杀伤性和破坏力。为适应这种攻击性的防守技战术，现代篮球比赛球队进攻时也会相应采取具有更强拼斗性的贴身强行进攻、强行突破、强行投篮和强行攻打篮下的技术与战术来抗衡防守队的制约，靠短时（瞬间）快速远投和内线高大队员的强攻得分。

（三）转换性规律

篮球比赛是由两个队在规则规定的时间内进行不断转换攻守来完成的，每次进攻后的防守和防守后的进攻之间相互转换构成了篮球比赛的重要内容。"换"是篮球比赛的基本规律，"换"即思，"换"即动，"换"即变，"换"即换时、换位、换向、换术、换法、换人。篮球比赛中攻守转换既包括由攻转守时瞬间的行动意识、战术组织和配合方法，如由攻转守时及时阻击一传、堵截接应和快速追防、阵地布防调整等，又包括由防守获得球后的转攻，如快速一传、分散接应和推进攻击或转入阵地等，一旦进攻失掉控制球权后又能快速就地展开防守。

现代篮球运动已经把"进攻—攻守转换—防守"和"防守—守攻转换—进攻"组成完整的攻时与守时密不可分的整体来进行训练。纵观篮球比赛中两个队的攻守转换现象，其实质是控制球权的转换。篮球比赛中有"死球""活球"的区别及限定，因此，根据球成"死球"或成"活球"时的不同状态，攻守转换可分为"缓变"与"突变"两种类型。"缓变"是指在球成"死球"状态下发生的攻守转换，在比赛中表现为进攻队员投中篮或违例、犯规被判罚。"缓变"的特点是在客观上有缓冲的时间。"突变"是指在"活球"状态下发生攻守转换，在比赛中表现为投篮不中双方争夺篮板球或跳球，或失误后失去控球权，其特点是攻守转换极具突然性，并可带来进攻次数的增加。在比赛中，球队充分利用一切机会，主动创造各种攻守转换的机会，争取比赛的主动权。

现代篮球运动已趋向于在对抗中利用规则，比身体素质，比技术、战术，比体能、作风，比意识、智慧，比心理素养，等等。如果这些因素缺一或不能有机统一，就意味着教练员对篮球运动本质认识存在局限，也意味着球队训练水平和实力存在差距。所以，教练员和运动员头脑中应形成规则意识，要遵循法规施展技术、战术。因此说规律是准绳，竞赛是杠杆，技术是手段，战术是方法，意识是导向，心理是保障，只有掌握这些因素之间的辩证关系，做到有机统一，才有基础成为一名优秀教练员或运动员。

三、篮球运动的价值

（一）健身价值

（1）篮球运动的技术动作由各种跑、跳、投等基本技能组成，能促进人体的力量、速度、耐力、灵敏、协调等素质的全面发展，提高身体器官的功能，增进健康，对人体产生综合性的积极影响。

（2）篮球运动能够增强人体感受器官的功能，提高分配和集中注意力的能力及空间、时间和定向能力，还能提高神经中枢的灵活性以及协调支配各器官的能力。

（二）教育价值

篮球运动对青少年的教育作用是多方面的。篮球运动是在规则约束下的集体性体育项目，对培养青少年的组织性、纪律性、集体主义精神和机智灵活的应变能力具有积极的作用，能够培养青少年良好的行为规范和良好的组织能力，有助于培养青少年的竞争意识和开拓精神，并培养青少年的坚强意志。同时竞赛能培养青少年力争上游、奋勇拼搏的竞争精神，也有助于培养青少年的责任感和集体荣誉感，加快青少年的社会化进程。因此，篮球运动的教育价值是很高的。

（三）娱乐价值

娱乐性是根植于篮球运动中的原始特性。对于大多数篮球运动爱好者而言，他们参加篮球运动并不是为了提高自己的篮球技战术水平和专项能力，而是为了缓解工作、生活中的压力，宣泄自己的情绪，愉悦身心，收获运动的快乐。随着竞技水平的提高、商业的推广和艺术的包装，篮球运动充满了休闲、娱乐的元素，这些元素以一种特有的表现形式和作用，感召着大量篮球运动爱好者关注篮球运动的发展，并参与篮球运动和篮球竞赛，去体验篮球运动的乐趣。篮球运动对丰富人们的业余文化生活和建设精神文明起到一定的积极作用。

（四）经济价值

篮球运动所体现的经济价值是与篮球运动的发展和职业化进程紧密联系在一起的，是逐步被发现的。在初期，人们发现包括篮球运动在内的体育活动能增强人的活动能力、提高劳动效率、减少疾病和降低医疗开支。20 世纪 40 年代职业篮球运动的兴起和 1992 年允许职业篮球运动员参加奥运会比赛，使得篮球运动与经济的发展紧密结合起来。随着篮球运动职业化的加快，篮球运动在门票、服装、广告、电视转播等方面已形成产业链，产生了较大的经济效益。

（五）审美价值

体育运动的美是世人公认的，篮球运动中的美更加突出。例如，篮球运动员修长的身材、匀称的体形给人以美的感觉；篮球运动员在比赛中所表现的力量、速度、动作造型给人以美的享受；篮球运动员准确的投篮、巧妙的传球、默契的配合、快速的推进、闪电般的突破等精妙的技战术和精彩的表演，使篮球的美和运动员的创造性表现得淋漓尽致；篮球比赛节奏感强，场上情况变化莫测，比赛结果难以预测，呈现的是一种动态美；运动员和观众的互动，休息时音乐舞蹈的声、色、形、光的变幻，是人和音乐、舞蹈的美妙结合。篮球赛场的自然美、形式美能使审美主体获得心灵情感的愉悦。可以说，篮球比赛满足了人们对"美"的期望与追求。

第二节　高校篮球课程教学基础理论

一、高校篮球课程教学的概念

篮球课程教学是实现高校体育教育目标的重要途径之一。它是在具体、明确的教育目标下，由教师和学生组成的教与学的双边活动；是教师指导、学生学习和掌握篮球运动的基本知识、基本技术和技能，增进健康，增强体质，促进学生身心全面发展的教育过程。可以说，篮球课程教学在整个体育教学活动系统中占据着重要位置。

关于高校篮球课程教学的概念，从下面几个方面来阐述。

(一) 篮球课程教学是实现高校体育教育目标的基本途径之一

我国教育的目标是培养学生德、智、体等方面全面发展，并使学生成为健康的社会主义现代化的建设者。教学活动是一种目的性和方向性清晰的活动，在教学中，通过教师有次序、有计划地指导，学生能够积极地学习和掌握系统的科学文化知识、技术和技能，促使智力和体力得到发展，培养高尚的品德，陶冶情操，形成个性的全面发展。

在高校篮球课程教学中，教师应将德育放在第一位，以育人为中心，进一步加强学生的思想品德教育。教师要为人师表，具有高度的责任感和强烈的事业心，全身心地呵护学生，而且，应该把篮球课程教学的多向性和集体性特点完全地施展出来。教师应与学生融洽地相处，营造出良好的育人环境，使品德教育、思想政治教育和专业思想教育一直贯穿于篮球教学中。

培养学生的能力、促进学生身心健康，是高校篮球课程教学应该高度重视的。高校篮球课程教学过程，不仅是让学生进行认知的过程，而且是促进学生身心健康发展的过程。在高校篮球课程教学中，教师要善于运用启发式教育，对学生进行启发式引导，让学生进行积极思考。教师要根据学生生理和心理特点，合理地运用运动知识学习和掌握动作技能形成的规律、生理机能和心理活动的变化规律。教师在篮球教学中使用反馈与控制原理时，一定要把学生的个性发展视为起点，将看、听、学、练、想、做和知、情、意融为一体的教育性教学与智力开发的启发性教学结合起来，贯穿于整个篮球教学环节，同时要创设良好的教学情境，并布置拓展性作业，培养和发掘学生的创造力，从而更好地完成高校篮球课程教学的根本任务。

(二) 篮球课程教学是教与学共同组成的教育活动

教学是由教与学两个方面组成的，教学活动是无法脱离教师的教和学生的学而存在的。学既包括学生在教师的直接教授下的学习，又包括学生为配合教师上课而进行的预习、复习与独立作业等自学活动。篮球教学必须重视调动教与学两个方面的积极性，促使教师的主导性和学生的主体性共同发挥作用。

教师主导作用的发挥是学生有效学习知识与技能以及发展身心的必要条件。在教学中，教师的教学方法直接决定了教学质量。在篮球教学中，教师的主导作用的发挥主要是通过学生的学习效果和学生学习的主动性来体现的。因此，篮球教学要积极提倡尊师爱生、教学相长，使教师的主导作用得到充分发挥。学生作为教学的主要对象，既是教学的客体又是学习的主体，具有主观能动性。要想使学生的主体作用充分地体现出来，需要用教师的主导作用来影响。学生积极性和主动性发挥的程度，会对其学习效果和身心发展水平产生直接影响。所以，教师要充分发挥学生的主观能动性，使他们能够自觉、主动地学习和锻炼。

教师和学生两个要素在篮球教学系统中是彼此制约、彼此依存的。篮球教学单方面地重视教师的主导作用，或是单方面地突出学生的主体地位，都会使教师与学生对立起来，最终会削弱两个作用的发挥。只有师生双方积极合作，才能发挥教学的整体功能，只重视一方面，不利于教学质量的提高和师生关系的改善。

(三) 篮球课程教学是组成体育教学活动系统的重要组成部分

系统是指若干要素通过相互作用组成的复合体。体育教学是一个复杂的、具有多层次结构的系统。作为体育教学系统的组成部分，篮球教学不仅属于体育教学系统，而且属于学校体育和学校教育等高一级的系统。体育是全面发展教育的重要组成部分，而学校体育又是我国体育发展的重点。

篮球教学作为体育教学的重要组成部分，它与培养全面发展的现代化建设人才和实现我国体育的战略目标有着非常紧密的联系。它既可以为提高全民族的身体素质奠定良好的基础，也能为体育后备人才的良好发展服务，因此，从系统、整体、统一的观念来看，明确学校体育中篮球教学所处的地位及与其他各个系统之间的关系，有助于更好地理解篮球教学目标的属性和功能。

从系统论观点来看，系统的等级不同，其构成要素、结构和功能也存在着差异。作为体育教育专业教学系统的重要组成部分，篮球教学也有着自身的系统。在篮球教学系统中，各个子系统以不同的方式和途径进行彼此沟通，以实现各个子系统功能间的联系，它所表现出来的整体功能也就比整个系统中各个子系统的功能简单相加要强大。因此，在篮球教学中，教师既要重视实践课教学，又要重视理论课教学；既要重视课内教学，又要重视课外教学、课前准备和课后小结，还要注意各个教学程序、教学内容、教学方法、教学手段以及安排的运动负荷之间的横向和纵向的联系。在高校篮球课程教学中，教师要运用多学科的理论知识和方法，使学生能够更好地学习和掌握篮球的基本理论、基本技术和技能，并将知识和技能转化为能力，以适应未来篮球教学和工作的需要，从而实现高校篮球课程教学的培养目标。

二、高校篮球课程教学的任务与原则

(一) 高校篮球课程教学的任务

1. 增强学生的身体素质

良好的身体素质是个体从事体育运动的基础。篮球运动要求学生具备较多的运动技能，如跑、跳、投等。因此，篮球运动的教学不仅能促进学生身体素质的发展，而且能使学生的心理素质得到很好的发展。教师要想让学生更好地学习和掌握篮球技术和战术，增强学生的运动能力，就一定要重视学生身体素质的培养。

2. 提高学生的篮球知识与技能

篮球教学内容主要包括三个方面，即篮球理论知识、篮球技术和篮球战术。这就要求教师在篮球教学中使学生对篮球的基本知识、篮球技战术知识与理论进行掌握，提高运动技能。其中，篮球理论知识是学生掌握篮球技术和战术的依据，而篮球技术则是篮球战术的基础。篮球教学内容之间的关系相互作用、彼此统一，它们是一个不可分割的整体，在教学环节中不能忽视任何一个方面。

3. 激发学生的创新意识和创造力

激发学生的创新意识和创造能力是篮球教学过程中非常重要的教学任务。篮球运动是一项创造性的活动，在运用篮球的技战术时，学生的运动能力具有明显的复杂性、多变性及灵活性。因此，篮球教学必须具有促进学生创新能力发展的作用。

4. 培养学生的集体精神和意志品质

篮球运动是集体型对抗性项目。第一，篮球教学和竞赛过程能够较好地培养学生坚强的意志品质，使学生形成自己的世界观、人生观和价值观；第二，篮球的教学过程是一个人才培养的过程。因此，在篮球教学过程中，教师要重视对学生集体主义精神和勇敢拼搏的良好意志品质的培养。

(二) 高校篮球课程教学的原则

教学原则是对教学规律和教学内容本身规律的总结和概括。对于篮球运动来讲，教师遵循篮球教学原则是教师按照篮球教学规律合理组织教学活动的一种表现形式。篮球教学原则可以分为一般教学原则和专项教学原则两种。

1. 一般教学原则

（1）直观性原则

直观性原则是指在教学过程中，教师通过让学生观察所学事物或教师语言的形象描述，利用学生的感官和已有的知识或经验，通过各种简单的途径引导学生形成所学事物、过程的清晰表象，丰富学生的感性认知，使学生对篮球技战术的动作和感觉进行了解，并将这些内容与积极的思维相结合，使学生能够正确理解书本知识和发展认知能力，从而使学生更好地掌握篮球运动技战术。

动作示范、沙盘演示、图片、电影、录像等是篮球教学实践中运用较为广泛的直观教学方式。教师在篮球教学中贯彻直观性原则时，应注意明确教学目的，选择合适的教学方法，最大限度地激发学生的学习积极性和创造性。

（2）渐进性原则

渐进性原则又称"系统性原则"，它是指在教学过程中，教师按照学科的逻辑系统和学生的认知规律组织教学活动，即在由简单到复杂、由单一到高级、由简单向综合发展等规律的指导下，使学生循序渐进地掌握篮球基本知识、基本技术和战术配合，从而形成严密的逻辑。

在篮球课程教学实践中，教师应系统地安排教学内容，科学合理地安排运动负荷；在进行篮球知识、技能教学时，要由简入繁、由浅入深、由表及里地组织教学活动，以使学生逐步掌握理论知识和实践技巧。

（3）主动性原则

主动性原则是指在教学过程中，教师通过采取各种有效措施和手段，充分调动、启发学生的学习主动性，引导学生自主学习、刻苦练习、勇于探索，增强学生对篮球理论、技术、战术等内容学习的主动性，以取得最佳的学习效果。

在高校篮球课程教学实践中，学生是学习的主体，教师是教学过程中的引导者。因此，在篮球教学活动中，激发学生学习的内部动力、贯彻主动性原则是非常有必要的。这有助于提高学生观察问题、分析问题和解决问题的能力。

（4）对抗性原则

篮球运动对抗性和开放性的特点，决定了教师在篮球教学中必须把培养学生的实战对抗能力放在十分重要的位置。在篮球运动中，进攻与防守的对抗贯穿始终，攻守对抗和攻守转换构成了篮球运动的核心。教师在教学中贯彻对抗性原则是很重要的，没有攻守对抗就没有激烈的竞争场面，攻守对抗的发展是推动篮球运动向着快速、激烈的方向发展的主要动力。没有攻守双方的直接对抗和相互制约，也就没有篮球运动。教师要遵循对抗性原则，需要注意以下几个方面的内容：

第一，深入研究攻守对抗和转换的规律，对篮球教学有着重要的指导意义。攻防本身就是相互制约、共同发展的，没有进攻也就无所谓防守，没有防守也就无所谓进攻，两者是辩证统一的关系。

第二，在对篮球的教学进度与计划进行编制时，对有关篮球进攻的教学内容和篮球防守的教学内容之间的关系要进行恰当的处理；在对篮球教学方法进行设计时，在学生对单项技术有了基本掌握后，尽量采取综合性练习方法，以进攻来对防守进行制约，不断提高学生的防守技术，或以防守技术来对进攻技术进行制约，不断提高学生的进攻技术。

第三，真正实用的技术是在攻守对抗中掌握的技术。教师有意识地提高攻守对抗的强度，是提高篮球教学质量的重要方法。

（5）自觉积极性原则

在高校篮球教学过程中，提高教学质量的根本条件既不是单纯地发挥教师的主导作用，也不是单纯地调动学生学习的自觉积极性，而是将二者充分结合。自觉积极性原则的贯彻要做到以下几点：

第一，教师只有发挥自身的主导作用，才能有效提高学生的积极参与性。教师充分发挥主导作用的基础条件是深入了解学生。这就要求教师对学生的特点与概况、需要与特长有一定的了解，运用指导法、讲解法、组织教学法等引导学生将注意力集中到篮球教学内容上。在高校篮球教学过程中，师生关系中的主导者是体育教师。体育教师要积极主动地熟悉和关心学生，只有这样，才能充分调动学生篮球学习的自觉积极性。

第二，培养学生自学、自练、自评的能力以及学习的内在动力。学生自学、自练、自评的能力是其参与篮球锻炼、养成篮球运动意识的重要基础。教师应为学生自学、自练、自评能力的培养与发展创设一个良好的外部环境，让学生获得主动学习和锻炼的机会，使其外因顺利地向内因转化，从而充分调动学生的自觉积极性。

第三，教师应采取有效措施来提高教学的艺术性和启发性，从而促进学生学习动机和兴趣的培养。学生积极提高学习动机有利于发挥自身的主体作用。

第四，建立和谐的师生关系。在高校篮球教学过程中，教师在传授知识的同时还应对学生进行严格要求，并对学生做到热情关心与充分信任，这样才能促进师生关系和谐发展，而和谐的师生关系有利于提高学生参与篮球学习的自觉积极性。

（6）因材施教原则

在高校篮球课程教学中，由于体育教师"教"的对象是全体学生，教师往往对全体学生提出统一的教学要求。但是教师也要注意每个学生的身体素质与能力水平是有差异的，因此要重视针对个别学生的"教"，也就是要贯彻因材施教原则。教师具体要从以下几方面加以注意：

第一，教师因材施教的前提条件是对学生的身体素质与个体差异进行全面了解。教师全面了解学生的主要途径是调查研究，调查的主要内容是学生对篮球的兴趣与爱好、身体素质等基本情况。只有了解学生的这些情况，认识到学生之间的差异，才能更好地贯彻因材施教原则。

第二，坚持从客观实际出发。学校的客观条件是教师在篮球教学中贯彻因材施教原则需要考虑的因素。其中，对篮球教学产生影响的因素有季节、地区、场地、器材设备条件等。在制订篮球教学目标时，教师需要综合考虑教材、学生特点、组织教法以及上述各方面的客观条件，从而更好地贯彻因材施教原则。

第三，从整体上把握。在高校篮球教学中，教师努力的目标是全体学生篮球技能的提高与发展。教师制订的篮球教学计划、教学目标和要求，应符合大多数学生的实际能力。同时，教师要兼顾综合素质较好和综合素质较差的两类学生，努力为第一类学生创造更好的条件，鼓励他们积极参加课余篮球训练，提高他们的专项成绩；与此同时，要热情、耐心地帮助素质差的学生，使他们在原有的基础上逐步提高篮球技战术水平，达到篮球教学的要求。

（7）巩固提高原则

在高校篮球课程教学中，加强师生交流可以使学生经常复习所学的篮球知识、技术和技能，并不断地提高自身健康水平、篮球技术能力和思想品质。学生通过与教师交流，也可以及时反馈自身的学习效果，让教师能有效地调节、控制教学过程，从而提高篮球教学效果。根据遗忘规律和条件反射建立与消退的理论，学生学到的知识与技能在一段时间内，如果不经常复习就会消退或遗忘。另外，根据"用进废退"原理，学生对所学习的篮球技能进行反复练习，有助于发展其运动能力、身体素质和生理机能，达到强身健体的目的。因此，学生要注意巩固提高所学到的篮球知识和运动技能。遵循巩固提高原则需要做到以下几点：

第一，教师利用讲解、示范、练习、提问、评价等方式，保证师生间信息及时传递。根据信息有效性原则，信息传递得越及时，损耗越小，信息的准确度越高，所产生的教学效果越好。教师也可以通过提问、考查、竞赛等方式，巩固提高学生的篮球知识、技术和技能。

第二，教师要增加学生运动的密度和动作重复的次数，反复强化学生的运动技能，不断巩固学生的运动条件反射，提高学生的技术水平、身体素质和体育能力。

第三，教师要给学生布置适量的课外篮球作业或家庭篮球作业，将课内外训练结合起来，达到巩固提高的目的。

第四，教师要不断提出新的学习目标，培养学生篮球运动的兴趣。

（8）身体全面发展原则

在篮球教学过程中，教师促进学生全面协调发展的基础是选择和安排全面多样的教材内容，指导学生进行全面的身体锻炼。只有这样，学生身体的各个部位才可以得到发展。身体全面发展原则的贯彻要做到以下几点：

第一，教师要综合贯彻篮球教学大纲提出的教学目标和教学要求。在篮球教学中，教师要贯彻国家所颁布的篮球教学大纲的精神，对于篮球教学大纲所提出的要求与目标要自觉遵循。为了更好地制订篮球教学计划，保证学生身体素质能够得到全面发展，体育教师要注意合理搭配篮球教材。

第二，在课堂教学过程中，教师要始终贯彻身体全面发展原则。一节篮球课的理想教学如下：

首先，在篮球课的准备部分，教师要组织学生进行全身各部位肌肉、关节、韧带的充分活动，让学生充分伸展肢体，为完成篮球课的目标奠定基础。

其次，在篮球课的基本部分，教师要加强学生上肢与下肢的练习，全面并协调地发展学生的身体素质。

最后，在篮球课的结尾部分，教师要指导学生通过一系列活动来放松，并给学生布置课外篮球作业。

2. 专项教学原则

（1）技术动作与实战对抗相结合的原则

篮球运动对抗性和开放性的特点决定了篮球教学必须把培养学生的实战对抗能力放在十分重要的位置。

在篮球教学实践中，教师贯彻和实施技术动作与实战对抗相结合的教学原则，不仅有利于学生在学习篮球技能时首先建立起对抗的概念和技术实效的概念，还有利于学生将技术视为固定程序的身体操作。这主要是基于以下两方面的原因：一方面，从认知策略的角度来说，篮球技术动作的学习与实战运用相结合，符合开放性运动技能教学的要求；另一方面，篮球技能形成与发展的普遍规律就是在不断地适应和实战中进行的。因此，教师在教学过程中，只有将对学生篮球技术动作的教学以及对学生实战能力的培养与发展结合起来，才能为学生的专项学习打好基础。

（2）技术个体化和区别对待原则

作为篮球教学过程中的学习主体，学生在基本知识、行为习惯、身体素质、运动水平、理解能力、智力水平等方面都有所不同，即使是同一个学生，他在不同的学习阶段也会因各种因素的影响而导致学习能力有所不同。因此，在具体的学习过程中，学生在"技术规范化"过程中的个体表现差异较大。这就要求教师在篮球教学中，在规范化的基础上遵循篮球技术的个体化原则，允许学生之间存在技术动作上的细微差别，鼓励学生通过反复科学的练习，最终形成符合自身条件的动作。

在篮球教学实践中，教师要以学生的具体情况为主要依据，有针对性地选择适当的教学方法、教学进度，区别对待每一个学生，做到因材施教。

（3）专门性知觉优先发展原则

篮球运动包括多种环境因素，如球、队友、场地、器材等。学生在学习篮球过程中的专门性知觉发展的过程就是对篮球运动环境和器材的感知过程。

在篮球教学实践中，优先发展学生手指、手腕对球的控制能力具有非常重要的意义，有利于学生在学习的开始就对篮球有一个直观、全面的了解。为了确保学生对技术动作的正确掌握，教师可在篮球教学过程中采用大量的熟悉"球性"的练习，以帮助学生优先发展其专门性知觉，为学生基本技术的学习奠定基础。

（4）多样性与综合性原则

多样性与综合性原则的存在主要是由篮球运动的特点及其规律所决定的。篮球运动具有项目的集体性、技能的综合性、战术的应变性、比赛的对抗性、竞争性、游戏性等特点，它涵盖的内容是非常广泛的。因此，教师在教学中要兼顾多方面内容，将篮球的价值最大化地发挥出来。所以，多样性与综合性原则是篮球教学的重要原则之一。

教师在教学中贯彻多样性和综合性原则时应注意以下几点：

第一，教师要确保教学方法和组织形式的多样化，如在篮球传球技术的教学中，要根据现有的教学条件、教材内容特点以及学生的具体实际，采用不同的组织形式和教学方法，以增强篮球教学的活力，提高学生学习的兴趣，促进学生的身心健康。

第二，教师要重视单个技术动作、组合技术和综合技术练习的结合运用。例如，在篮球教学中教师要重视运球、传球和投篮技术的结合，重视急停、转身等脚步动作与攻防战术的结合；在重视动作规范化练习的同时，还要注重组合技术和综合技术运用能力的提高。

第三，教师应将对学生技术、战术的教授和对学生篮球意识的培养结合起来，将学生的身体锻炼和对学生运动作风的培养结合起来，促进学生身心全面发展。

第四，教师在教学过程中要积极创造条件，完善整个教学过程。

（5）少而精与实效性原则

贯彻"少而精"与实效性原则是指教师在篮球教学中应该抓住主要矛盾进行教学，组织的教法尽量简单易行，不断提高教学的艺术性和实效性。

在篮球教学实践中，教师应做到以下几点：

第一，教师要抓好篮球基本功和主要技术的教学，突出教学重点，使学生在掌握好篮球运动基本技术的基础上提高运用篮球技术的能力。

第二，教师要以练为主，精讲多练。也就是说，教师的讲解应简明扼要，尽量让学生多进行实践练习。

第三，教师要设置教学目标，讲求教学效果。教学要有明确的教学目标，且要将教学目标具体到每个学期、每个单元、每次课中。另外，教师还要重视对教学效果的检查和评估，及时改进教学方法，提高教学质量。

第三节　高校篮球课程教学现状分析

高校篮球课程教学在促进学生身心健康发展等方面起到了重要作用。在素质教育背景下，人们也提升了对高校篮球课程教学的重视程度，但对高校篮球课程教学现状进行分析，我们发现，在高校篮球课程教学过程中，仍存在着以下问题。

一、教学指导思想贯彻不力

在我国高校篮球课程教学指导思想方面，"以人为本""健康第一"

"终身体育"等理念还不够深入人心，在篮球课程教学实践活动中并没有鲜明地表现出来。现阶段，很多高校学生在学习篮球知识之后依然对篮球运动没有形成全面、系统的认识，更没有把篮球运动视为终身体育的内容。例如，"三步上篮"技术一直是不同年级、不同学校的篮球课考核内容，一些教师在篮球课上只是照本宣科地传授"传球""运球""投篮"，教学环节缺少新的元素。教师通过语言教学法阐述篮球运动的上篮技术及动作完成过程，无法激发起学生的积极性。学生缺乏完整的篮球运动技术实践，对篮球技术运用过程中的篮球意识认识肤浅，主体参与性更是薄弱。高校篮球教学促进学生身心健康持续发展教学目标的实现受到一定程度的影响。

二、教学目标定位不够明确

长期以来，我国的竞技体育比大众体育和体育教学发展得都快，竞技体育之所以能取得较为理想的成绩，主要是因为管理体制与运营机制顺应了我国的国情。

在个别高校篮球教学过程中，相较于竞技体育，篮球教学训练和文化教学没有做到良性共存：一方面，学生自身和学校都倾向于文化课程的学习；另一方面，对于篮球教学课程教学目标和教学任务，学校没有做出明确的规定。

三、教学模式相对单调

当前，部分高校篮球课程教学存在运动训练理念和教学理念混淆的状况。主要表现在以下几个方面：

第一，认识上存在偏差。篮球教学课主要强调的是篮球训练，在大多数情况下，篮球教学课已经变成了学生练习篮球基本功的课程，强调训练而忽视了其他方面的教学。

第二，在篮球教学环节的安排上，依然以一般的训练内容为主，将教学分为运球、传球、投篮、比赛等几个环节。首先，教师分别示范和讲解相关的篮球技术动作，然后，学生根据教师的讲解和示范进行模仿练习，教学过程缺少新鲜元素。

第三，篮球教学程序单一，缺少新颖性，很难激发学生的学习热情。

篮球教学模式单调是当前部分高校篮球教学中存在的问题，这种教学模式不足以促进学生积极主动地完成学习任务，并使学生在身心愉快的体验中掌握篮球教学内容，导致一些学生虽然掌握了篮球运动技能，但是篮球意识薄弱，在篮球运动实践中不能灵活地运用篮球技术，也不利于其独立性和创造性思维的培养。

四、教学内容不能满足学生的身心发展需要

当前部分高校篮球课程教学内容与中学篮球教学内容大同小异，基本上没有突破，只是对中学篮球教学内容进行了补充，缺乏实质性创新，无法满足学生的身心发展需求。具体表现在两个方面：一方面，高校篮球课程教学缺乏必要的理论课讲解。教师对篮球运动理论知识只是进行表面的解读，不做深入的解释，只重视技术训练部分，忽视了对篮球运动的历史文化等理论知识的教学，这与学生认识和理解篮球运动的基本规律不相符，表明了部分高校对篮球课程教学的安排缺乏合理性。另一方面，当前大学生迫切需要的是将篮球理论课与技术教学相结合，将篮球技战术教学与自身兴趣相结合，提高篮球运动水平。部分高校现行的教学内容不足以满足学生的身心发展需求。

另外，在部分高校篮球课堂教学中，教师忽略了学生的主体性，限制了学生的运动思维和想象力，也不利于学生通过篮球运动的学习形成良好的运动意识，从而对高校篮球的未来发展产生不利影响。因此，丰富和开发高校篮球课程教学内容，使篮球教学顺应时代发展、体现时代特征，是当前高校篮球课程教学内容改革的重点之一。

五、教学管理不够完善

从我国高校篮球课程教学现状来看，篮球教学工作一般是在校长的领导下，由体育教研组长安排具体工作内容，学校、教师、学生作为不同的行为主体，有着不同的教学目标和学习任务，他们之间很难达成一致的教学目标。

在专业体校，篮球专业的学生参与篮球训练的主要想法是在升学和未来发展上获得优势。目前部分学校无法做到对篮球后备力量的升学与未来发展环节进行衔接。

综合类高等院校由于各院系多重视文化课教学，对于包括篮球运动在内的体育运动项目的教学重视程度不够，在教学管理方面也存在诸多漏洞：一些大学生在体育课上都处于自由活动状态，篮球教学缺乏必要的管理制度和措施。

六、教学训练缺乏科学性

以篮球教练员对篮球队的教学训练为例，我们发现，当前我国高校的篮球运动队由于训练强度低、训练时间不足、训练方法单一、训练检测和恢复尚不完善等因素，篮球运动训练成绩不佳。

我国高校篮球队通常采用一般性训练手段和方法进行训练，重点训练技战术，对学生心理方面的训练较少。因此，篮球教学训练的不科学是导致当前大学生篮球运动员成绩不佳的原因之一。

七、教师专业素养有待提高

在高校体育教学过程中，作为主导者，教师的作用举足轻重。目前，我国部分高校篮球队中的教练员是由体育教师兼任的，他们多数毕业于体育院校，虽然拥有比较系统的体育理论知识，但是他们毕竟不是职业篮球运动员，实战经验有限，对于高水平篮球运动训练也接触得较少，因此他们在篮球运动训练和比赛方面欠缺理论和实践教学内容。

八、教学评价体系不够健全

片面化的评价方式挫伤了学生的学习热情，在一定程度上影响了高校篮球课程教学。

在目前的高校篮球课程教学中，部分教师在面对新课程时，难以系统地认识和把握新课程标准的体育教学理念，在篮球教学内容选编方面缺乏务实精神，盲目求新，而且目前大多数高校的篮球教学评价仍以终结性评价为主，这种评价形式难以充分发挥学生在学习中的主体性作用。其不足之处主要表现在以下几个方面：

（1）篮球教学的终结性评价只重视对学生达标结果的考核，忽视对学生的情意表现、学习态度和进步幅度等内容的评价，导致有些学生虽然认真学习了篮球技战术和基本知识，但在最终的学习考试中仍无法取得理想成绩。因此，该评价体系不能客观地评价学生的学习情况。

（2）终结性评价使得教师在篮球教学课程的考核上过分重视学生掌握教学内容的结果，而忽视了学生的奋斗过程，不利于调动学生的学习积极性和主动性。

（3）以终结性评价为主的教学评价体系，不利于学生创新能力的提升，也不利于学生体育人文价值观的形成，难以使大学生养成终身体育的习惯，不利于大学生的健康和全面发展。

现阶段，要想建立客观公正的高校篮球课程教学评价体系，就必须重视对大学生参与篮球运动的积极性及主体性意识和行为的培养，使大学生在参与篮球运动的过程中重视对自我运动能力的了解和自我评价，使高校篮球教学评价建立在现代教育理念的基础之上，从而真正实现体育教学目标。

九、教学经费的投入有限

经济是体育运动发展的"血液"，也是体育运动人才培养的基础。从当前篮球运动的社会条件来看，经济条件是影响篮球运动生存和发展的重要因素之一，篮球运动的教学规模、教学目标、教学设施以及人才培养等都有着重要的制约作用。

目前部分高校篮球课程教学的开展存在经费不足的问题：经费来源比较单一，大部分经费来源于学校和上级行政部门的拨款；在训学生没有训练补贴和伙食补贴，没有良好的后勤保障和支持，使得篮球人才培养得不到经济保障。同时，由于经费缺乏，大部分学校存在篮球教学场地和设施有限，对篮球教学过程缺乏必要的医务指导等问题。

第四节　高校篮球课程教学改革思路与发展趋势

一、高校篮球课程教学改革思路

（一）设定合理的篮球能力培养目标

在进行实际的篮球教学之前，教师需要认识到篮球教学目标的重要性，设定合理的教学计划和目标，具体包括以下三点：

（1）确定理论教学和实践教学的比例，既不能重理论、轻实践，也不能重实践、轻理论，只有二者以合适的比例相互结合，才能培养出高素质的篮球人才。

（2）根据学生的个性发展和特点，设计符合学生身心发展特点的篮球活动类型，帮助学生扫清以往篮球训练中存在的障碍，提升学生的篮球技能。

（3）目标制订不能过高，需要结合学生的实际情况和学生对篮球学习的需求。同时，目标的制订要符合高校篮球教学资源的现状，要促进学生综合素质的全面发展。

（二）促进篮球练习的弹性化

在篮球训练的过程中，教师需要始终贯彻"以人为本"的教学理念。训练学生的体能和篮球动作技能是篮球课主要的授课形式。但是由于当代大学生的身体素质结构参差不齐，教育背景也存在差异，在实际的篮球教学环节中，教师应该设计合理的篮球练习课程，制订弹性的训练计划，既要有一些基础课程的讲述，又要有高难度动作如灌篮动作的训练，以提升学生的篮球综合技能。教师具体需要做到以下几点：

（1）在基础训练课程的设计方面，教师应该由浅入深，逐渐增加知识的难度和协调度，既要满足学生的学习需求，增加其知识量，也要培养学生的集体荣誉感和体育竞技精神。

（2）在实践训练方面，在每一节课程之始，教师都要带领学生做好准备活动，以免出现韧带拉伤的情况；同时，在练习时间、密度和次数等方面要及时做好调整，训练要求的设定不能"一刀切"，要根据学生的需求和程度分级训练。一些学生可能无法在课堂上将技能完全消化，教师也无须强求。

（3）在练习的过程中，如果学生表现突出，教师应采取鼓励的态度，为学生建立自信心，以提升其对篮球学习的兴趣，促进其技能的提升。

（三）促进知识传输的实践化

篮球的理论知识是对一些运动动作和技能的概述和升华。基本上所有关于篮球的课程都会使学生学习大量的理论知识，理论知识虽然能够帮助学生理解篮球运动真正的内涵，但是如果不加以实践操作，就是纸上谈兵。同时，对于学生来说，体育课常常会受天气和其他因素的影响而取消，如果再上一些枯燥的理论课程，很容易使其丧失对篮球学习的兴趣。因此，在实际的教学过程中，教师需要将大量的理论知识转化成实践操作技能训练。例如，一些篮球运球动作的讲解完全可以化繁为简，教师可以通过实战教学帮助学生理解动作的关键；对于一些急救常识，除了要有理论加持以外，教师还可以让学生几人一组，扮演伤者和急救人员的角色，在教师做完示范之后，让学生亲自实践，了解在篮球运动中可能遇到的危险和解决方法，以备不时之需。

（四）增加篮球训练的娱乐性和健身性

娱乐性和健身性是篮球运动非常重要的两种属性，因此在实际教学环节中，教师要充分重视篮球运动这两种属性对学生训练的重要性，具体应做到以下几点：

（1）加强篮球训练的娱乐性。除了常规的理论、实践教学和准备活动之外，教师还可以适当设计一些趣味性活动和游戏。例如，采用比赛教学法，首先是运球比赛，包括直线运球法、弧线运球法、环形运球法以及混合型运球法等，通过运球比赛，学生能够加深对运球项目的理解，提高运球的熟练程度，为掌握篮球技能奠定基础；其次是投篮比赛，最主要的是原地投篮比赛，教师可以将学生分为四组或两组，每一组一球一篮，每投中一球，小组就可以获得相应分数，积分最高的小组获胜；最后是篮球半场比赛，包括轮流赛和淘汰赛，也是将学生分别分为几个小组，按照正式体育比赛的形式对学生的竞技技能进行训练，一轮比赛下来，学生不仅能够得到充分的体育锻炼，也能够使体育技能得到提高。

（2）在健身方面，教师也需要根据不同学生的不同体质，为其设计合理的健身计划和营养搭配，保证学生每天都有充足的运动量，以增强体质。

（五）改革教学方法，提高教学实效

锻炼习惯是在体育兴趣和意识的作用下长期练习而形成的。教学方法的改革更新是激发学生学习兴趣和意识的因素之一。全民健身以培养学生的健康意识和体育习惯为第一目的，而兴趣是学习动机中最现实、最活跃的成分，是动机培养的起点。由于大学生在身体素质、篮球基础和运动能力等方面存在个体差异，教师在教学方法的使用上力求实现因材施教，多用有实用性的、灵活多样的教学方法，注意个体参与度，强调充分激发学生的篮球兴趣和参与篮球运动的热情，使学生从被动地参与转变为积极主动地投入。教师应在篮球教学中给学生自学自练的时间和空间，注重情感类方法的应用，做到情知交融。随着现代科技和信息技术的发展，教师应重视教学方法和手段的改革与创新，积极研究开发、运用现代教育技术手段，将多媒体等现代化教学手段应用于教学。教师应正确引导和解决学生在运动中遇到的疑惑和困难，重视学生的学习主体地位的体现，重视学生的情感体验，并且充分考虑到学生在身体条件、兴趣爱好和运动技能等方面的个体差异，根据这种差异确定教学方法，提出相应的教学建议，力争保证绝大多数学生都能完成课程学习目标，使每一个学生都能体验学习与成功的乐趣，从而实现促进学生健康、帮助学生树立终身体育观念的目标。

（六）全面提升篮球教师的职业素质

教师是教学的主体，尤其是在篮球运动教学中，如果教师的技能和素质不过关，不仅无法将最先进的篮球技能传授给学生，更不利于提升学生的综合素质。因此，高校在开展篮球专业的同时应该做到以下几点：

（1）提升篮球教师的准入门槛，要求篮球教师除了达到一定的学历要求，还要经验丰富，年龄不宜过大，这样的教师才能充分满足当前高校学生的需求。

（2）为篮球教师准备充足的备课资源和社会交流机会，使教师能够与时俱进，获得最先进的篮球资讯，了解各种赛制规则，从而为学生提供更加优质的课程内容。

（3）篮球教师自身也需要积极主动地学习，参与社会中的一些篮球比赛，在为学校争得荣誉的同时，也能够为学生树立榜样，及时更新自身的篮球资讯和知识，为提升学生篮球技能奠定基础。

（七）构建科学的篮球教学考核评价体系

我国普通高校篮球教学应进一步完善考核评价制度，在评价内容上应与《全国普通高等学校体育课程教学指导纲要》评价目标相一致，以实现五个领域目标为依据进行综合评价，凸显学生对篮球运动的整体认识。体育课程评价的内容包括学生的学习、教师的教学和课程建设三个方面：

（1）学生的学习评价应是对学习效果和过程的评价，主要包括体能与运动技能、认知、学习态度与行为、交往与合作精神、情意表现等，通过学生自评、互评和教师评定等方式进行。评价中应淡化甄别、选拔功能，强化激励、发展功能，把学生的进步幅度纳入评价内容。

（2）教师的教学评价内容主要包括教师业务素养（专业素质、教学能力、科研能力、教学工作量）和课堂教学两个方面，可通过教师自评、学生评价、同行专家评议等方式进行。

（3）课程建设评价的内容主要包括课程结构体系、课程内容、教材建设、课程管理、师资配备与培训、体育经费、场馆设施以及课程目标的完成程度等，可采用多元综合评价的方式进行评价。

评价应重视学生的学习效果和反馈，重视社会有关方面的评价意见。在实践过程中，学生的篮球运动综合能力、篮球自学能力和锻炼习惯的培养是选择考核评价方案的主要方面。评价应注重学生的个体差异，将学习过程和学习结果相结合。要健全篮球课程成绩的考核评价体系，考试内容应增加过程性评价的比重，考试形式也应打破传统教学中单一化的模式，综合运用多种评价方式。评价也可采取学生自评、学生互评、小组评价、教师评价等多种形式相结合的模式进行，以此促进学生个性和创新精神的形成。

(八) 积极开展课外篮球活动，营造良好的竞赛氛围

高校篮球课程周期短、课时数少，不利于培养学生篮球特长和锻炼习惯。高校教育主管部门应将广泛开展课外体育活动、增强大学生体魄放在高校体育工作的重要位置，加大宣传力度，强化大学生的参与意识，使其充分认识到课外体育活动的重要性，同时要认真贯彻实施《全民健身计划纲要》与《国家学生体质健康标准》，以及相关体育法规制度，从制度上保证大学生参加课外体育活动；加强课外体育活动的组织与管理，建立一套与之相匹配的管理体系；转变体育教育思想，彻底摆脱旧的体育观念，把"健康第一"的指导思想真正落实到高校体育工作中去。体育主管部门应在业务上给予指导，在经费上适当支持，积极在高校中建立篮球俱乐部、协会，通过这些组织利用课余时间经常性地举办学校之间、院系之间、年级之间不同级别、不同水平、形式多样的篮球竞赛活动，丰富学生课余生活。篮球运动的魅力与活力来自竞赛，它能激发学生的潜力，增强学生的集体荣誉感。各种形式的比赛不仅是吸引学生注意力、提高学生兴趣的最有效的手段，也是检验教学效果的最佳方法，所以经常性地、有计划地组织一些中小型比赛，对篮球运动的普及大有益处。

二、高校篮球课程教学发展趋势

(一) 素质教育教学理念的不断深入

将素质教育教学理念渗透到高校篮球教学当中，对培养学生理论联系实际的素质能力具有重要作用。学生在学习篮球技战术的同时，还能够有效促进综合素质能力的全面发展。例如，在篮球实践教学和篮球比赛中，学生能够培养团体合作能力、组织能力、反应能力、观察能力等。高校只有培养学生多方面的综合能力，才能够帮助学生更好地适应社会发展的需求。

(二) 终身体育教学理念的不断深入

根据素质教育改革的要求，学生要积极参与各项体育活动并长期坚

持，形成终身体育的意识。而高校也应该响应教育部提出来的要求。教师应该在日常的篮球教学中有意引导学生，让他们逐渐喜欢上篮球，将篮球运动变成他们的兴趣之一。因为有了兴趣，学生就不会仅仅在篮球课上进行篮球运动，在其他时间也会抽空去打篮球，在无形之中形成终身体育的意识。对于大学生而言，形成终身体育的意识有着非常重要的意义。终身体育可以赋予他们健康的身体，为他们毕业之后出来工作拼搏打下坚实基础。而对于国家而言，高校培养出一个个健康的优秀人才，可以推动国家的发展建设。

（三）高校篮球教学趋于多元化

随着体育教学的飞速发展及改革的深入，高校篮球教学趋向多元化发展，教学目标从先前的单纯增强体质和增进健康，发展到了娱乐化和个性化发展相结合。教学内容和方法手段也突出了学生的个性需求，通过多种目标、多种方法来实现高校篮球教育的任务，以利于提高学生的兴趣，使学生更加主动地参加篮球锻炼和学习。

（四）篮球教学考核方式趋于多元化

随着"以人为本""以学生为主体"教学理念的不断深入，高校篮球教学考核方式也日趋人性化和多元化。高校篮球教学评价逐渐根据学生的实际情况，制定不同的考核标准，使得分层考核能够更加灵活、全面。例如，对于身体素质较好、篮球基础较好的学生进行严格考核；对于身体素质较差、篮球基础较差的学生应该适当放宽标准，将学生的进步程度以及学习态度作为考核标准，以增强学生学习的自信心。这样能够有效地激发学生的学习动力，从而提高整体教学效果。

（五）大力发展竞技体育

近年来，在各高校之间开展的篮球交流赛、大学生篮球联赛等比赛的带动下，篮球竞技运动得以积极开展，许多高校也根据自身情况组织了校专业球队，学生的参与积极性空前高涨，可以说，竞技体育的发展推动了篮球教学改革的发展。因此，普通高校篮球教学要根据不同学生的个性需求，尤其是对于一些喜爱篮球运动且身体素质较好的学生，尝试按照竞技体育的模式与标准将他们培养成体育特长生或专业运动员，这既可以提高他们的技能和体魄，又可以满足他们对篮球运动的兴趣需求。所以，现代高校篮球教学既要注重提高普通学生的身体素质，又要注重根据学生个人兴趣和特长发展专业运动员，这也是高校体育发展的必然趋势。

（六）积极转变教学观念，深化改革

篮球训练是一门综合性很强的课程，它不仅具备独特的体育教学体系和教学理论，还涉及其他社会和自然学科的知识。这就需要教师在教学过程中转变教学观念，在实践中掌握理论知识和提高技术水平，并将理论与实际相结合，同时要增添与篮球训练有关的辅助课程，提高篮球教学的趣味性和娱乐性，激发学生的学习兴趣，还要不断适应当前的发展要求，丰富教学内容。

（七）教学内容向着娱乐性以及休闲体育方向发展

现代社会，生活节奏的加快使得人们在日常生活中变得更加繁忙。为了适当放松自己，人们学会充分利用休闲时间。在这种情况下，人们对休闲娱乐活动提出了一定的要求。对于大学生来说也是如此。在经过一段时间的学习之后，他们也需要进行户外活动来放松自己的身心。因为生活在学校，大学生会更多地选择通过体育运动的方式来放松自己。这样他们不仅可以有效地放松身心，还能在运动时提高身体素质。篮球作为高校开设的一门体育课程，往往成为学生运动的首选。但是由于当前的篮球教学只注重对技术的讲解，失去了篮球运动原本的娱乐性和群体性，很多学生宁愿找几个同学一起去体育馆或户外篮球场打篮球，也不愿意选修篮球课。基于此，篮球教学改革应该朝着娱乐性以及休闲体育的方向发展。只有这样，才能使高校的篮球运动再次获得生机及长久发展。而学生也能积极参与篮球教学，通过篮球运动达到强身健体、放松身心的目的。

第二章 高校篮球课程教学理念的优化与探究

第一节 高校篮球课程教学理念概述

一、篮球教学理念的定义

篮球教学理念，是指篮球教学的思想和观念。它是篮球教学中最深层次、最核心的东西，是对篮球教学的认识和对教学经验的整合，是在篮球教学实践活动的基础上产生和发展起来的，是对篮球教学从发展趋势到基本运动规律的一种宏观至微观的看法和认识。篮球教学理念是对篮球教学活动的方向起指导作用的思想，它决定着人们从事篮球教学的一切行为活动。教师只有充分了解篮球活动的理念，才能更有效地指导篮球实践。师生如果对篮球运动的基本规律没有清楚的认识，就不能按照篮球的基本规律进行教与学。要想在篮球教学实践中掌握主动权，就要树立一种正确的教学理念，因为只有这样才能取得良好的成效。

二、高校篮球课程教学理念缺失的表现

（一）教学指导思想不能真正贯彻

培养学生使其成为身心全面发展、适应 21 世纪需要的人才，是体育教育的目标。一说到篮球课，学生们最先想到的往往是脏、累，接着就是一些传球、运球、投篮的技术动作。一些人认为篮球是一门野蛮的运动，忽略了篮球运动对体育意识、体育习惯的培养作用，将导致学生在走出校园进入社会后，无法形成终身体育的观念。

（二）教学内容贫乏，脱离实际

一些学生认为，篮球课程教学内容没有打破限制，缺少新颖性，导致他们经常重复性地学习已经熟练掌握的技术动作，但没有学到新的技术动

作。同时，在篮球课程教学中，教师通常仅简要地介绍篮球理论知识就让学生进入篮球的技术训练中，有关篮球理论知识、篮球技战术知识、篮球裁判知识的教学较少。其实，将理论教学与技术教学相结合，适当添加篮球游戏、街头篮球等多元化的元素，可使教学质量同步提升，若能够设计出将理论教学、技战术教学与学生兴趣爱好相结合的教学内容，就能在一定程度上改善篮球课程教学现状。

（三）过分强调单向教学模式

部分高校体育教育长期以运动训练理念为主旋律，这种运动训练的理念也深深融入到篮球课程教学当中，甚至代替了体育教学理念。众所周知，运动训练理念和教育教学理念有相似之处，但绝不可以完全等同，偏重于大量重复练习的运动训练理念以讲解、示范以及大量重复练习为主要思想。

传统的篮球课程教学是教师将篮球教学分成运球、传球、投篮几个环节，逐一传授、讲解、示范，这样做，篮球课程预想的健康教育、全民健身、终身体育等教学目标是很难达成的，造成学生通过刻苦反复练习习得的技术不能在实战中得到灵活运用，不利于培养学生的独立性思维和创造性思维。

（四）评价体系片面化，隐性评价缺失

公正客观的评价是学生所期望的，但是在传统教学理念下很难使学生在一个公平的环境中进行学习和评比。提高学生对体育的自觉参与意识，有利于他们对自我运动能力的了解，而片面化评定只能挫伤学生对篮球学习的热情，从而影响篮球教学。因此，对学生的评价只有建立在现代教育理念的基础上，才能进行科学性评价。

三、现代体育教学理念在高校篮球课程教学中的应用

"终身体育"是现阶段我国开展素质教育的一项重要指导思想和教学理念。在高校篮球课程教学中，牢牢把握以"健康第一""以人为本""终身体育"等为核心的教学理念，重视篮球课程教学的与时俱进，突出时代特点，既是篮球教学改革的基本要求，也是体育课程的发展要求。

（一）"健康第一"教学理念概述及其应用

1. "健康第一"教学理念概述

"健康第一"是我们国家在《关于深化教育改革全面推进素质教育的决定》中明确提出的指导思想。在很长一段时间内，我国学校体育受传统教育思想影响，过于重视技术、技能的教学，而忽略了其他方面的教学内容，使得体育教学中出现了一系列问题，也使得学生在走向社会后没有参加体育锻炼的习惯，不能适应变化的环境，这种情况阻碍了学生自身的进一步发展，也势必会影响学生综合素质的发展，所以，各学校相关部门要加强体育教育改革，总结经验与教训，加大学校体育教育工作的力度，从根本上促进学生身体素质提高。

随着现代社会的不断发展，竞争也日趋激烈，在这样的时代背景下，国家提出了"健康第一"的指导思想，要求学校培养身体健康、心理稳定、有团结协作能力的新型高素质人才，学校体育教育的理念也应从以往单纯地以"增强体质"为主转移到以"健康第一"为主。

现阶段，我们必须认识到，学生的健康是其学习知识、技能，进行生活、工作、学习的重要基础，如果没有健康，即使再努力追求竞技成绩也是无法获得持久发展的。

2. "健康第一"教学理念在高校篮球课程教学中的应用

"健康第一"指导思想基于健康概念的演化，力求从身体、心理、社会适应和道德等方面促进学生身心全面发展。在"健康第一"教学理念指导下的篮球课程教学，强调篮球运动训练和技能学习对提高学生身体素质和机能的意义。具体来说，高校篮球课程在教学中应做到以下几点。

（1）加强体育教育和健康教育的有机结合

在高校篮球课程教学中，学生除了掌握基本的健身知识和体育能力外，还应当了解和掌握基本的营养、卫生等知识，将身体锻炼与身体健康结合起来。

在高校篮球课程教学中，高校篮球教师应有意识地加强学生的营养和健康指导，加强学生的健康教育，教给学生体育健康的基本知识以及预防与处理各种运动伤病的方法等。在日常教学中，教师应重点抓学生的青春期教育，促进学生全面发展。

（2）培养学生的健康意识和行为

使学生自觉参加篮球运动是篮球运动教学培养学生健康意识和行为的

具体表现。在高校篮球课程教学中，篮球教师应结合本校的具体实际和学生的身心特点及发展规律，制订出适合学生全面发展的教学计划，选择合适的教材，组织学生参加篮球运动。

在篮球课的具体组织和实施过程中，教师应注意运动适量，不应矫枉过正；在学生的课外篮球活动中，教师应加强指导力度，开展多种形式的篮球游戏和比赛，有针对性地进行营养、心理、环保、身体健康等方面的知识教育。

（3）提倡技术教育与健康教育相结合

在高校篮球课程教学中，教师要有效传递健康知识和锻炼方法，要在充分运用现有的篮球教学资源的条件下开展篮球教学，培养学生的运动特长和运动习惯。

健康知识的学习对参与体育锻炼的学生来说至关重要。传统的高校篮球课程教学关注对篮球运动技术的传授，而对健康知识的传授没有给予相应的重视。然而，学生只有掌握健康知识和锻炼方法，才不会盲目进行体育锻炼，才可以对自身情况和锻炼的效果进行客观有效的评价，才能取得良好的锻炼效果。学校开展运动项目时一般主要考虑场地、器材、教师、学生等的情况，而对所学习的运动项目在学生进入社会后是否有条件继续坚持的考虑相对较少。高校篮球课程教学活动的开展，应当立足学校，放眼社会，创新教学内容，以趣味性、娱乐性篮球教学内容来激发学生的参与积极性，为终身体育的开展创造条件。体育运动项目是学生参与体育运动的媒介，好的运动技术会增加学生参与运动的兴趣，有助于学生良好运动习惯的养成。所以，在高校篮球课程教学中应坚持以运动技术为主，注重培养学生对于篮球运动的兴趣，同时重视健康知识和健身方法的传授，使学生在没有教师指导的情况下仍能独立参与篮球锻炼活动，并取得一定的锻炼效果。

（二）"以人为本"教学理念概述及其应用

1."以人为本"教学理念概述

"以人为本"的教学理念对体育教学具有重要的指导意义。"以人为本"突出的是人的发展。人作为教育的出发点、教育的最终归宿，居于教育的核心环节，自始至终发挥着重要作用。教育是以人为基础、以人为根本的活动，所有的教育都必须贯彻"以人为本"的理念，这是现代教育发展的基本要求。教育的过程实际上也是人的自我实现、自我理解以及自我确认的过程。"以人为本"的教学理念要求教师在教育过程中将人的自由、幸福、和谐、全面发展以及终极价值的实现重视起来，在体育教育中突破机械的教育模式。对此，我们必须以现代人的视野培养现代人，以全面发展的观念培养全面型人才。在体育教学中贯彻以"以人为本"的教育理念是人类社会协调、可持续发展以及落实体育教育改革的基本要求。"以人为本"思想应成为体育教育的主导思想。

用"以人为本"的教学理念指导体育教学，要求教师在整个教学过程中尊重学生，重视学生的个性、人权以及价值的发挥。学生作为体育教学的对象，这是体育教育的起点。教师应该对学生的个性发展给予充分关注，使学生在体育训练中张扬个性，自由展现自我。体育教学在促进学生身体健康的同时，也应使学生在体育活动中自然流露出自己的个性，自由宣泄和释放自己的情感。这就要求我们从"人"的角度去深入理解体育教学的内涵。

"以人为本"的教学理念突出反映在体育教学的人文关怀中。人作为体育教育的对象，是有理性、有情感的。思考的方向由情感决定，而思考的结果由理性决定。在体育教育中，只有先以情感人，才能以理服人。无论采取何种先进的教育方法和手段，都要注重面对面教育；不管采用多么发达的现代传媒手段，人和人之间面对面交流都是不可替代的；不管制度多么完善，人文关怀的作用与价值始终不可忽视。所以，学校开展的体育工作必须有人情味，要以"人"为出发点，以"人"为核心。在体育教育中，"以人为本"理念的核心主要从以下几方面体现出来：

（1）充分肯定学生的个性，开发学生的潜能、智慧，引导学生向往和追求健康体魄及身心和谐统一。

（2）在体育教学中以学生为主体，尊重学生的人格、权利，促进学生人格的健全，维护学生的合法权益。

（3）了解和尊重学生之间的差异，因材施教，培养学生的个性，促进所有学生的发展。

（4）鼓励学生充分发挥自己的主观能动性，使所有学生都能积极主动地参与体育锻炼。

（5）促使全体学生都能够有所收获，获得新的进步与发展。

2. "以人为本"教学理念在高校篮球课程教学中的应用

在高校篮球课程教学中，人是"技术"的实施者，这说明了人的主体性以及人与技术的关系。篮球运动训练的过程本身就是教育的过程，教育重视的是发展学生的内在动力，行动力就是由内在动力外显而来的。在运动训练中应当实现公平竞争，弘扬体育道德，培养学生个性，挖掘学生的潜能。除此之外，情感、责任感、态度、信念等都在很大限度上决定着学生的体能水平的发展，具有非常重要的现实意义。

（1）构建和谐的师生关系

体育教学要关爱学生生命，尊重学生人格和维护学生的权益。因此，体育教师应对学生之间的差异性予以认可，对学生的独立性、个体性予以尊重，与学生构建平等和谐的师生关系。教师都清楚，鼓励、表扬在教育中有着不同寻常的力量作用，能够拉近师生之间的关系，更能够为学生创设轻松愉悦的课堂氛围。在一个轻松自由的空间里，学生愿意主动表现自己，可以大胆地、积极地与老师、同学沟通与交流，从而努力接受知识，积累和掌握更丰富的知识，获得更多的成功体验，在体验中建立自信。

在篮球课堂教学中，篮球教师要多运用鼓励性的话语来激励学生、安慰学生。例如，在"三步上篮"教学中，面对不敢尝试的女生，教师应以激情式的话语给予鼓励，杜绝嘲笑或讥讽学生。鼓励的话语能够让学生心理上得到安慰，使学生产生挑战自己的决心和动力，变得更勇敢、更自信、更乐观、更积极，这对于篮球课堂教学效果的提高具有积极的意义。

（2）包容学生的缺点与不足

高校篮球课程教学的根本目标在于促进学生健康成长。为了实现这一根本目标，高校篮球教师要特别关注学习吃力的学生，弄清楚学生之间的差异，清晰地知道每一个学生的特点和优势、缺点与不足，对学生的优势一定要及时肯定，而对学生的不足一定要努力地包容，要尽最大力量帮助其改正。在每一个班级，总是会出现一些爱搞怪、成绩扯后腿的学生，对于他们，教师除了要施行严格管教外，还要对他们加以包容，这体现了篮球教师的责任心和包容心。一味地严格，只会让学生感到畏惧或者萌生抗拒心理，以致很难纠正学生的缺点。严格一定要做到严而有度、严而有方、严而有情，因为这才是帮助学生进步的有效方法。教师在管理"后进生"时，应该以情感为出发点，耐心地教导，要包容和理解他们犯的错误，使学生不再有思想负担，帮助其建立自信，使其内在的精神力量得到表达，自觉改正错误，获得自我成长，因为这才是对"以人为本"教学理念的具体贯彻。

此外，篮球教师不能随便给学生贴"好学生"和"坏学生"的标签，不能给学生划分等级，即使有的学生基础薄弱，学习速度缓慢，教师也应该耐心教育、指导，努力使其进步，追赶其他学生的平均水平。每一位学生都渴望成功，学习较差的学生的内心也拥有这份渴望。部分学生难以在短时间内学会动作、达到标准，对此，教师应多加关心，对其进行悉心指导，利用课余时间对其进行专门辅导。对待学生，教师应该做到一碗水端平，不偏不倚，不嘲讽、不挖苦学习进度比较慢的学生。优秀的篮球教师都会培养学生对篮球运动的兴趣和信心，而不是只关注成绩。学生对篮球运动产生了兴趣，才会愿意投入篮球运动，才会自觉地坚持篮球运动，才会在快乐中收获成绩与进步。

（3）教学形式灵活多样

高校篮球教师应充分尊重学生的主体地位，使学生能够从情感上、行动上积极参与体育学习。为了实现这一目标，高校篮球教师要采用多种灵活的教学形式来组织篮球教学。传统的篮球教学通常是以示范讲解法的形式展开，师生之间、学生之间缺乏互动，难以调动学生的学习积极性。教师如果能够根据教学内容的不同，灵活运用竞赛法、游戏法、合作学习法展开教学，则能够较好地提高学生课堂参与的积极性。

（4）客观评价

在高校篮球课程教学中，高校篮球教师要注重从客观上全面评价学生的篮球学习情况。一般来说，体育教学评价主要是对学生的平时表现情况、素质达标程度、技术技能运用等内容进行评价。但是，因为不同学生在学习能力上有差异，所以能力强的学生往往比较容易获得高分，而能力相对较差的学生虽然很努力，成绩依然不够理想。长期如此，能力强的学生会越来越自信，但也容易骄傲自满，而能力相对较差的学生会慢慢失去自信与对体育的兴趣，甚至产生厌烦心理。这样的评价不仅难以真实反映学生体育锻炼的实际情况，而且会对学生的积极性造成严重打击，影响学生的身心健康。因此，教师要采用不同的评价方式对有差异的学生进行评价，使每个学生都能健康成长。

基于此，高校篮球教师要注意全面展开篮球教学评价工作。全面评价应从"以人为本"理念出发，充分重视学生的全面发展，力求通过全面评价对不同学生对待篮球学科的态度、参与篮球锻炼的情况以及对篮球技能的掌握和运用情况有一个充分的了解，从而有针对性地调整篮球教学方案，使学生获得更大的进步。总之，高校篮球课程教学必须打破传统的教育观念，树立"以人为本"的理念，更好地为学生的发展服务。

（三）"终身体育"教学理念概述及其应用

1."终身体育"教学理念概述

"终身体育"既是指人从生命开始至终结，在整个过程中都要参加体育锻炼，使体育成为日常生活中必不可少的内容，又是指以正确的体育观与方法论指导人在不同时期、不同生活领域参加体育活动的实践过程。

"终身体育"思想的形成是人类自身和社会发展的必然要求。随着社会的发展，知识更新换代越来越快，要求人们对知识的学习也要不断跟进。在这种社会条件下，必然会产生终身学习的理念。"终身学习"是现代信息化社会的重要理念，对人才的发展、社会的建设起着重要的作用。可以说，"终身体育"为学生终身学习提供了条件和空间。在学校开展体育教育，并向学生传达"终身体育"的理念，对于学生的成长及其对社会适应都具有重要的作用。

"终身体育"理念是社会发展到一定阶段的产物和现象，它是多种因素共同作用的结果。具体分析可知，其形成有外部社会客观因素的作用，也有教育内部的一些主观因素的影响。外部社会客观因素提出了终身体育的要求，教育内部的主观因素为终身体育形成提供了理论基础，二者结合，最终形成了"终身体育"的理念。

"终身体育"体系庞大而复杂，主要由以下几个重要因素构成。

（1）构成人群

"终身体育"系统的构成人群主要包括广大教师、学生、家长及管理人员等。管理者要采取有效的方法为这些人群提供锻炼的空间与机会，使他们在基本条件得到保障的基础上参与体育锻炼，提高锻炼能力。这是"终身体育"发展的前提。

（2）构成空间

在人类漫长的发展历程中，每个人都离不开家庭、学校和社会等成长与发展的空间，这些空间对个体"终身体育"锻炼习惯的养成具有不同程度的影响。其中，学校教育时期是个体成长的关键时期，在学校接受体育教育，学生的身心会得到健康发展，这对家庭和谐和社会进步具有一定的促进作用。

（3）习惯养成

"终身体育"中的习惯养成具体是指体育观念、体育兴趣和体育氛围的形成，培养体育观念和兴趣、营造良好的体育氛围是形成体育锻炼习惯和发展终身体育的重要保障。

（4）锻炼能力

体育锻炼能力也是"终身体育"的主要构成因素之一。人的体育锻炼能力是由知识、技术、技能和智力等基本要素构成的，由此可见，体育锻炼能力是一个人身心品质发展的能力之一。人们在体育锻炼过程中，应当根据条件的变化来选用相应的身体练习方法，合理安排锻炼时间，合理调节运动负荷，并进行自我医务监督，对锻炼效果进行自我评价并使其得以提高。

2."终身体育"教学理念在高校篮球课程教学中的应用

在高校篮球课程教学中，"终身体育"教学理念的科学贯彻和落实的具体要求如下。

（1）培养学生"终身体育"的观念和意识

行为是人在认识事物的前提下，在激发动机和兴趣的基础上产生的。因此，在高校篮球课程教学中，教师要帮助学生端正体育态度，建立终身体育理念，形成良好的学习动机，激发他们主动学习和参与篮球运动的热情。

应当指出的是，篮球教师在加强学生篮球运动技能培养的同时，还要抓好篮球基础理论教学，强化学生"终身体育"的意识。在具体的教学过程中，教师应树立使学生终身受益的理念，对每节课和课外活动提出相应的要求，以健身为目标，将素质、技能、知识、能力等内容渗透到学生学习篮球的"终身体育"意识中去。

（2）加强学生"终身体育"运动能力的培养

在高校篮球课程教学中，学生还应当掌握具体的技能，熟练掌握篮球的各种技术动作，同时能够始终如一地坚持篮球运动。因此，一定要培养学生具备以下两个方面的能力。一方面，提高学生自觉进行篮球锻炼的意识，促使学生熟练地运用已经掌握的篮球运动知识、技能，形成自觉参加篮球运动的习惯；另一方面，提高学生自我评价、自我管理和自我监督的能力，让学生对自己身体的具体情况有一个正确的认识和评价，及时调整篮球运动节奏和计划。

第二节　高校篮球课程教学理念优化之"休闲体育"理念的融入

现阶段，愉悦、放松的休闲生活理念日益受到追捧。休闲体育是以愉悦、休息、放松为目的的积极体育运动方式，其生命化、生活化和生态化的本质更加符合大学生对体育的追求。篮球作为高校体育课程中的重要内容，是一项普及性、娱乐性、竞技性的体育运动，非常受大学生的欢迎，但传统高校篮球课程将技战术作为主要教学目标，已不能满足大学生对体育运动的休闲、减压需求。将"休闲体育"理念引入高校篮球教学，以重愉悦身心、轻技战术的特点为高校篮球教学改革提供了新的思路。

一、"休闲体育"理念概述

休闲体育是在无目的的情况下、在闲暇时间开展的放松心情、减轻压力的身心活动，是运动者根据自己兴趣和身心状态、运动设施等条件主动选择的，表现出一定的自主性。休闲体育弱化了体育运动的规则，注重愉悦运动者身心，表现出一定的娱乐性。休闲体育能够放松心情、舒缓压力、注重娱乐，有助于缓解疲劳和修养身心，表现出一定的强度舒缓性。休闲活动的开展使运动者的身心活动发生变化，既能够使运动者强身健体、掌握体育技术，又在竞争合作中促使运动者超越自我，实现身心合一，表现出一定的身心协同性。

二、"休闲体育"理念与高校篮球课程教学的契合性

休闲体育是一种具有健康性、文明性和科学性的休闲生活方式，并且能够满足人类的精神文化需求，从而促使人类构建起美丽的精神家园。"休闲体育"理念可以理解为社会大众以满足自身发展和精神需求为目的，并在闲暇时间开展体育活动的理念。在大学生群体的成长与成才过程中，推动这种理念在高校篮球教学改革中的渗透，可以在弱化高校篮球教学竞技性要求的基础上，激发学生的学习兴趣，并促使学生在学习中体会到篮球运动的价值与魅力。

(一)"休闲体育"理念有利于推动素质教育的深化

素质教育是我国高等教育要秉承的基本教育方针。在对素质教育进行认真落实与全面推进的过程中，高校体育课堂是必不可少的重要阵地之一，而在高校体育课堂中，高校篮球教学又是开展素质教育的重要载体。素质教育的目标在于推动学生全面发展，提升学生的创新能力，避免出现应试教育的倾向。"休闲体育"理念在高校篮球课程教学中的渗透，既能提升大学生群体的身体素质，又能淡化高校篮球课程教学中的应试教育色彩。因此，在高校篮球课程教学中渗透"休闲体育"理念，能够推动高校篮球课程教学更好地实现素质教育目标。

(二)"休闲体育"理念有利于"终身体育"思想的养成

引导学生掌握基本的篮球运动技术，培养学生对篮球运动的兴趣，并让学生自觉地将篮球运动作为在校内、校外甚至贯穿一生的健身方式，是

"终身体育"教育思想指导下高校篮球教学活动应当实现的重要目标之一。然而，当前高校篮球课程教学中的大学生"终身体育"思想培养工作成效并不乐观，这造成了大学生群体所具有的"终身体育"思想较为淡薄。这种问题的产生，与高校篮球课程教学内容欠缺吸引力、难以激发学生对篮球运动以及其他体育运动的兴趣有关。针对这一问题，高校可以将没有严格规则限制和技术要求的"休闲体育"理念融入高校篮球教学改革工作当中，推动篮球运动走出课堂，向学生日常生活和娱乐领域渗透，从而为引导学生树立终身体育意识奠定良好的基础。

(三)"休闲体育"理念推动高校篮球课程教学适应现代教育发展

随着高等教育理论的不断丰富，当前我国高等教育也实现了从"育才"到"育人"的转变，这种转变在高校篮球教学中表现为从标准化教育、继承教育、封闭式教育向个性化教育、创新教育与开放式教育的发展。从当前高校篮球教学工作来看，仍有许多高校过于强调学生对篮球运动技术的掌控，而且一般都使用整齐划一的教学内容与教学模式，显然，这种教学模式已经与现代教育脱节。在此背景下，推动"休闲体育"理念向高校篮球教学的渗透，将高校篮球教学的重点转移到大学生精神文化建设与生活方式的优化方面，不仅对提升大学生的身体素质、培育大学生的精神文化素养以及引导大学生形成健康的生活方式具有重要意义，而且对推动高校篮球教学从"育才"向"育人"转变发挥着不容忽视的作用。

三、"休闲体育"理念指导下的高校篮球课程教学改革

(一) 基于"休闲体育"理念的高校篮球课程教学改革设想

高校篮球教学多注重培养学生技战术能力、团队合作能力，提升学生的篮球运动水平，具有明显的竞技性，但忽略了学生的身心健康、兴趣爱好、个性需求。从休闲体育视角出发，高校篮球教学改革应重视篮球教学的休闲娱乐功能，使学生通过篮球运动实现身心共同发展，同时培养学生良好的运动习惯、贯彻"终身体育"理念，让学生的自身价值在篮球学习中得到体现。

在高校篮球教学中，教师应将"休闲体育"理念贯彻到教学的各个环节，转变高校篮球教学僵化和呆板的模式，更多关注篮球运动的"休闲性"，通过篮球教学让学生体会到身心放松的愉悦。大学生作为高校篮球教学的主体，应不断提高自身参与度，实现篮球技术水平和身体素质的全

面提升。教师应用"休闲体育"理念指导高校篮球教学，以放松的训练步调，将更多的学生转化为篮球教学的参与者，使学生体会篮球运动对肢体协调性、柔韧性和力量素质的积极影响，最终真正爱上这项运动。

教师将"休闲体育"理念引入高校篮球课程教学中，能使学生形成基本的篮球素养、掌握基本技术、明确基本规则、养成参与运动的习惯，从而完成教学任务。在教学过程中，教师还应积极挖掘学生在篮球运动中的潜能。休闲体育的本质是在休息和闲暇时间开展的体育项目，它重视对学生终身体育意识的培养，力求培养学生爱生活、爱运动的体育观，形成乐于参与体育运动的观念。因此，高校篮球课程教学改革的关键在于将有限的篮球课堂变得更为开放。教师可以提前布置、安排篮球运动，引导学生在课余时间开展篮球比赛，使篮球运动成为学生业余生活的组成部分。

基于"休闲体育"理念的高校篮球课程教学改革需要认识到篮球运动对学生情感和价值的影响，使学生通过篮球教学充分体验篮球运动的精神内涵，满足学生兴奋、成功、愉悦和自由的心理需求，提高学生自我控制和情绪调节能力，并通过篮球运动养成积极的生活态度，正确看待和评价自己与他人，正确对待成功和失败，正确认识竞争和合作，实现对学生合作精神、交际能力的培养。

（二）基于"休闲体育"理念的高校篮球课程教学改革策略

1. 教学形式的优化

在"休闲体育"理念的指导下优化高校篮球教学形式，能使学生在轻松愉悦的教学环境下，更加积极主动地投入篮球运动。在教学实践中，教师应主动营造篮球教学的轻松氛围，构建师生之间的和谐关系，通过表情、动作等激励性行为鼓励学生，并将篮球运动游戏融入篮球教学中，如花式篮球等，增进篮球教学的观赏性和趣味性，实现篮球教学与学生业余生活的有机结合，使学生在课内、课外都感受到篮球运动的魅力。

2. 健身功能的强化

高校篮球课程教学改革需进一步强化篮球运动的健身功能，更多地突出篮球运动的健身性、实用性和娱乐性，适当删减不适合休闲需要和学习的训练内容，改变传统突出竞技性和运动技能培养的僵化教学方式，使高校篮球课程教学更符合学生的身心发展与个性发展需求，使学生通过篮球教学体验到篮球运动的乐趣，掌握篮球运动减压的技巧。

3. 三人篮球的纳入

在高校篮球课程中增设三人篮球项目，有助于学生身心的全面发展。三人篮球由简单的跑、跳、运、传、投等基本技能组成，运动规则简单，与传统篮球运动相比，参与门槛低，可以让更多学生尤其是女生乐于参与到运动中来，促进学生速度、耐力和弹跳等素质的提升。三人篮球作为集体性的运动项目，需要参与者紧密合作、默契配合，更具趣味性和娱乐性，为学生提供了更多的沟通交流机会，使学生在轻松愉悦的运动和教学环境中缓解学习压力。

4. "终身体育"理念的渗透

基于"休闲体育"理念的高校篮球课程教学，目标在于培养学生终身体育的观念，关注篮球运动对学生身心的影响，而并非让学生机械地掌握专业体育技能。相对于传统篮球教学而言，其在教学内容上更加丰富，对于技术、运动规则的限制更宽松。在开展休闲篮球运动的过程中，学生可以个体或群体不同形式参与其中，根据个人需求选择感兴趣和较为擅长的内容愉悦身心。在充分发挥学生自主性和能动性的同时，教师应强化对学生篮球运动兴趣和终身体育意识的培养，从而使学生形成终身体育观。

基于"休闲体育"理念的高校篮球课程教学改革，不仅需要满足新时期篮球教学的要求，还担负着智力培养、能力培养和人生观培养的重要使命，在构建高校篮球休闲课程体系时，需要从可持续发展视角进行考虑，无论是核心课程还是发展课程都应具有包容性，关注对学生综合素质和能力的培养。将"休闲体育"理念中灵活、科学的教学方法融入高校篮球教学实践，对学生形成篮球运动休闲理念、摆脱传统技战术训练的束缚意义重大。但值得注意的是，"休闲体育"理念指导下的高校篮球课程教学改革，需要教师树立正确的教学观，保证篮球教学方法的整体性，同时注重挖掘学生篮球运动潜能，更好地传承和弘扬篮球运动文化。

第三章 高校篮球课程教学内容的优化与探究

第一节 高校篮球课程教学内容概述

一、高校篮球课程教学的内容分析

教师可以根据具体的篮球教学任务选择篮球的教学内容。教师对篮球教学内容的选择应以教学对象的层次和教学目标为依据，主要包括篮球理论知识、篮球技术动作、篮球基本战术配合三个方面。

（一）篮球理论知识

篮球理论知识是篮球教学的重要内容。篮球理论知识的教学对学生具有重要的指导作用。

一般而言，篮球理论知识主要包括以下内容：篮球技战术分析、篮球教学训练理论、篮球竞赛的组织、篮球竞赛的规则、篮球竞赛的裁判法等。学生通过学习掌握篮球教学的上述理论内容，能对篮球运动有一个基本的认识，并为下一步篮球技战术学习和运用奠定良好的理论基础。为了能够顺利将篮球理论知识传授给学生，教师要对这部分教学内容给予足够的重视，不能仅仅一语带过。总的来讲，教师在篮球教学过程中应注意理论的完善与知识的传授。

（二）篮球技术动作

篮球技术动作是大学篮球教学活动的最基本内容，也是课时最长的教学内容。

在高校篮球教学中，篮球技术规则、动作方法、动作要领以及技术的合理运用等都是重点内容。特别是在学生初学时期，教师要格外注重夯实学生的基本功，不可为了追求进度而违背教学规律盲目冒进。教师在进行篮球技术动作教学时，应注意技术讲解的精确性和示范动作的规范性，以便让学生建立正确的篮球技术动作表象。

（三）篮球战术配合

篮球战术是将篮球技术适当地、有针对性地组合起来，以形成扬长避短的战术。篮球战术的种类非常丰富，而且变化万千，没有一种战术是完美的，新的战术也在不断被创造出来。战术阵势和战术配合是篮球运动竞赛的主要特征之一，也就是说，特定的战术布阵是篮球运动集体对抗的主要形式。因此，篮球战术配合是篮球教学的重要内容。在篮球教学实践中，两三人的基础配合和全队配合是篮球战术配合教学的主要内容。在篮球战术配合的教学过程中，教师应注意以下两点：第一，教师应通过合理有效的教学方法使学生对人与球移动的路线、攻击点、运用时机以及变化等内容有正确的了解和认识；第二，教师要重视对学生的战术配合与协作意识的培养，使学生在篮球比赛实践中能灵活运用各种战术配合。

二、高校篮球课程教学内容特点

高校篮球课程教学内容特点集中体现在以下五个方面。

（一）教育性

体育的育人价值十分明显，篮球课程教学作为体育教学的重要内容，也体现出其对学生的教育价值。高校篮球课程教学内容的教育性主要体现在以下四个方面：

（1）有利于学生身心发展；

（2）既有冒险性，又注重安全；

（3）适合大多数学生；

（4）避免过于功利。

（二）实践性

篮球运动是一项身体运动，篮球教学内容最大的特点就是通过身体练习来实现教学目标和完成教学任务。从实质上讲，篮球教学内容是身体运动的一种实践，而其他非体育学科的教学内容都不具备这种特质。篮球教学内容的学习并不单单是学生大脑思维的活动，学生不仅要对篮球教学内容进行理解，而且要进行实际运动学习以及身体练习。

（三）健身性

篮球课程教学内容具有健身性，这具体是指学生在学习篮球教学内容、参与篮球训练的过程中，通过承受一定量和一定强度的运动负荷而使身体素质得到提高和改善。因此，为了增强学生的体质而进行的运动负荷安排也是篮球课程教学内容的一大特色。

（四）娱乐性

篮球运动由篮球游戏发展而来，因此篮球课程教学内容具有一定的娱乐性。在高校篮球课程教学中，这种娱乐性教学内容的安排是基于篮球运动竞赛过程存在的诸如竞争、合作、表现等一系列心理过程的安排。同时，教师通过这种教学内容的安排，使学生在篮球运动的心理体验过程中体会到更多的乐趣，获得学习的成就感。

（五）开放性

篮球运动是一项开放性的球类运动。在篮球运动比赛中，运动员运用篮球技术与战术的条件和时机与练习时有着较大的差别。由于受到位置、对手等外部因素的影响，运动员的技术动作组合结构与练习过程中的技术动作组合结构会发生变化。篮球战术的配合并不是一成不变的，在大多数情况下，运动员需要根据当时场上的具体情况作出准确的判断和选择，对教练员的战术进行灵活运用。

因此，基于篮球运动的篮球教学内容也具有明显的开放性，这种开放性不仅表现为篮球技战术实施的开放性，而且表现在人际交流的开放性上。它具有对集体精神、竞争意识、协同配合培养的独特功能，使得篮球教学过程中师生之间、学生之间的联系更加密切。

第二节 高校篮球课程教学内容存在的问题及对策创新

一、高校篮球课程教学内容存在的问题分析

通过对教学实践的分析可以发现，我国高校篮球课程教学内容有着相对固定的属性，教学过程大都是教师遵照教学计划、大纲的要求向学生讲授教材内容。在通常情况下，倘若在篮球课程教学过程中出现问题，教师

常在教学方法的使用等方面寻找原因，而未能认真思考教学内容本身是否存在问题。当前我国高校篮球教学在内容上主要表现出以下问题。

（一）偏于陈旧且与社会发展需求不相适应

当前，部分篮球课程教学在内容方面出现的最主要问题就是"旧"，即原有篮球教学内容对当前的现实状况来说过于陈旧，不能反映出新知识、新技术，可以说，其在一定程度上与社会发展、科技进步及人民生活需求脱节，尤其是教学内容的时代化与实用性，已经不再能推动社会发展、不能使学生个体发展需求得到有效满足。部分篮球教材既没有将最新的科学研究成果包含在内，也没有融入时代理念、社会发展特点的新意识。这种现象的产生大致有两方面原因：一方面，受传统教学模式影响，篮球课程教学在技术理论方面倾向性较强，关注和强调技战术内容，因此，一些情况下是以技战术学习要求为指导进行的，教学实践过程也更加重视对技术的多次重复练习，也就忽视了社会需求与学生的兴趣爱好，导致教学内容同社会发展实际及学生发展需求相脱节；另一方面，篮球教材本身有着较大的稳定性，教材编写是一项严肃、严谨的工作，在时间、精力等方面的耗费较大，这就导致教材使用周期偏长，更新再版的频率也很低，在及时吸纳、消化新科学知识、研究成果方面的难度很大，而且在当前节奏加快的社会环境下，即使具备再版条件，也很有可能来不及将最新、最时尚、最多元化的元素融入教材。以《篮球运动教程》为例，尽管有多次改版，但从总体上看，其在教学内容方面的改动并不大，与旧版相对比，每个新版对最新知识的体现也仅占很小的比例。

（二）偏于繁杂而导致无趣、低效

篮球课程教学内容偏于繁杂，换句话说就是教学内容过繁，而且有重复出现的情况。这导致正式开展学习活动前，繁杂的教学内容就可能给学生带来巨大的心理压力。篮球教程（教材）从运动概述直至研究性学习指导，包含很多章节，加之各种非必要性的教学要求，导致需要教师教的内容、需要学生学的内容越发复杂琐碎。教学内容的选编与组织应简洁、高效，然而在当前有些版本的教程中，部分内容过于琐碎且反复出现，部分教学要求已经与当前教学实际不符，这些内容很可能导致学生无端浪费时间精力，并在情感层面使学生丧失学习兴趣，甚至出现厌学心理。

篮球教学内容的选择要精，要站在学生长远发展的角度筛选对其日后学习、工作有重要意义的基础知识、基本技能，为学生的终身学习、长远发展打下坚实的基础，并节省学生的时间精力，使学生有更多的自主发展空间来自主探索其感兴趣的各个领域，培养学生的批判精神、探索发现能力和创新思维。切忌用繁杂的教学内容、低效反复的训练强迫学生学习掌握对其长远发展来说没有用处的知识、技能。

（三）功能不全面，过于单一

当前，高校篮球课程教学在对技战术和理论知识传承方面过度关注，因而未能关注到对已有篮球文化进行创新的重要性，导致篮球课程教学内容的重心落在了讲授既有知识经验、技能战术上。在这种情况下，学生的发展受限，表现出实践能力、创新精神差等问题。

社会的多元化发展趋势对高校篮球课程教学内容提出了全面化、综合化的要求。教学内容全面化和综合化需要从如下两个方面着重考虑：一方面，篮球教学内容必须齐全，需要涵盖知、情、行三个层面。另一方面，篮球课程教学内容范围一定要广泛，必须确保门类齐全。具体来说，就是篮球课程教学内容在一定要有技战术、理论知识内容的同时，必须加入思想情感、团队协作、价值观、科学研究等各方面相关内容，要重点突出自主创新能力的培养内容。教师只有从这两方面着手，丰富、完善篮球教学内容，才能使教学内容的整体功能得到最大限度的发挥，才能为学生全面发展提供最大支持。

（四）缺少兴趣激发与经验养成的元素

在个体学习过程中，兴趣是至关重要的非智力因素，能够为其学习提供不竭的动力。但是，在传统教学中，课程内容关注经典学科内容。同样，篮球教学内容也存在同样性质的问题。例如，过度突出经典事实性知识，要求学生不假思索地接受教学内容，将篮球的高超技能推上神坛，忽视教学内容的趣味性因素，因而很难被学生从情感层面上接受和喜爱，甚至容易使学生反感，使学生产生厌学心理。从这种情况出发，新形势下的高校篮球课程教学创新改革，有必要尝试将教学内容同学生现实生活、个人经验联系在一起，在篮球课程教学内容中适当添加现代社会发展所需要的、能够激发学生学习兴趣的、和学生实际生活紧密相关的各种元素。要明确篮球运动人才不能仅仅在技战术方面有优秀表现，更需要具备能够满足社会需求的各种创造性能力，这对激发学生学习兴趣、强化学生学习质量、树立学生终身学习意识并培养学生相关能力来说是必要的。

二、高校篮球课程教学内容的创新对策

要弥补传统高校篮球课程教学内容上存在的不足，使教学内容与时代、社会发展需求相适应，就要对传统教学内容实施改革。对教学内容进行创新具体可从如下三个方面着手。

（一）对教材内容进行创新

高校篮球课程教学内容的主要来源是教材，教材也是篮球课程教学内容不可或缺的重要组成部分。在我国，篮球教材是在一定标准的指导下，由众多教育学专家、学者等精心选编并组织而成的经验体系（包括直接经验与间接经验），其科学性、权威性毋庸置疑。然而，社会的发展进步从未停止，科学知识的数量及水平不断上升，被纳入教材的知识必然有限。除此之外，教材从编写到出版再到正式投入使用，需要很长的周期才能实现，可以推断，高校篮球教材在内容方面不可避免地会落后于当前社会、科技发展水平，这在客观上提出了创新高校篮球教材内容的要求。

创新高校篮球教学内容的工作主要有两种途径：一是高校篮球教材编写上的创新，二是篮球教师教学上的创新。

1. 高校篮球教材编写上的创新

从教材编写上来看，编写活动必须以对课程标准基本思想的正确领会与充分掌握为前提，并将其在教材之中反映出来，同时，教育学专家、学者需要发挥创新精神，使教材编制多元化，用不同特色、风格的教材满足不同发展水平、个性特征的学生的学习需求。具体来说，创新教材内容可采用如下方式：

第一，教育学专家和学者在高校篮球课程教学内容的基础上要精心确定更加基础实用的内容，确保学生学习的高效性。高校篮球课程教学内容无论如何创新，都必须从基础做起，而篮球基础知识、基本技能始终是首先要考虑的内容。当前，教育学专家和学者对于基础知识和基本技能的定义和范畴问题尚未达成共识，但毫无疑问，教材内容的创新必须从被普遍认可的、能够帮助学生技战术学习的、有利于学生未来就业发展的理论知识与实践技能中选取，而非对所有篮球知识、技能做无重点的大汇总。如何具体实施仍需进一步探讨与研究。

第二，教材内容的选择要能够映射现代社会生活与科技发展水平，具有时代代表性。传统高校篮球教材的更新相对较慢，部分内容陈旧，与学生实际生活脱节，导致学生学习理解难度较高，很难产生学习的兴趣。因

此，教材创新编写要根据时代发展适时调整，适当增加如信息技术、脑科学、人体工程学等具有最新时代特色且能够体现现代社会生活、高新科技发展水平的内容，以提高学生探索发现的兴趣，使学生积极投入学习当中，让学生通过学习理解、掌握与时代和社会紧密相关的新知识、新信息。

第三，教材内容可以选择生动典型的明星案例，以帮助学生体验理解抽象知识。知识来源于现实生活，知识的运用也必须回归生活。教材内容贴近学生现实生活，能够帮助学生减少对篮球运动知识的陌生感，使其能够顺利投入学习，顺利掌握知识，促进理解与运用，同时能够帮助学生内化所学知识，有意识地将所学知识融入现实生活，切实感受到学以致用的乐趣。

第四，教材内容的选择要更加关注研究性，为学生的观察讨论、调查实验、探究创新提供丰富素材。传统的高校篮球教材主张为学生提供确定性、结论性强的知识内容，但从长远来看，其对学生探究意识、创新能力的培养并无益处。高校篮球教材内容的创新编写应适当增加部分过程性知识内容，安排调查讨论、实验探究等刺激学生发挥主观能动作用的环节。此外，教材内容也可呈现出部分未能在现实中得到解决的趣味问题，为学生创造更多探索研究的空间。

第五，教材内容的选择要能够培养学生情感态度和思想价值理念。教材的创新编写在强调认知性目标的同时，要着重加强学生情感态度和思想价值理念培养工作。因此，教材内容选择需要对具有情感态度和思想价值因素的教学内容予以重视，确定其教学育人价值后使之融合于教材之中。

第六，高校篮球教材内容应朝着多样化的呈现方式方向转变，以吸引学生的注意力。教材的设计可以借鉴图画书等容易被学生接受的书籍设计经验，适当增加趣味性。教科书并不等同于教材，仅仅是教材核心组成部分，教科书的设计要从整体着眼，使其与辅助教材、文字及视听教材、社会教材、课外活动读物等能够有机结合、相互促进，发挥整体作用，促进学生的学习发展。

第七，高校篮球教材内容的设计要留有一定自主空间，给篮球教师的创造性教学提供更多机会。即使是完美无缺的教材设计，也必须借由篮球教师的主观能动性才能最终发挥作用，而每个授课教师在认知情感、态度及价值取向等方面都有着自身的独特性，难免按照自身主观意愿传授高校篮球教学内容。因此，高校篮球教材内容的设计必须保留一定空间，让教师的创造性得以发挥，让教师体会到自身在教学过程中的价值，进而在教学实践中获得专业上的成长和发展。

2. 篮球教师教学上的创新

从篮球教师教学的角度来看，高校篮球教材内容的创新，即借助先进教学方法、手段，将教材内容转化成为篮球教学内容的过程。其具体方式如下：

第一，高校篮球教材内容的创新要从变化发展的教学实际需求出发，对高校篮球教材内容进行整合重组。在传统教学中，篮球教材内容由教育学专家、学者编写，以既定要求为标准，严格遵循篮球运动的知识体系发展规律，具有极强的严密性和逻辑性。篮球教师要从当前形势出发，结合教学目标要求与学生实际发展情况，有针对性地选择教材内容，在适当删减陈旧、冗余内容的同时，增加与时代发展要求相契合的内容与领先的研究成果。此外，篮球教师还可从具体教学情境出发，适当做出调整，进行改编、整合重组，确保教学内容同社会实际、学生实际更加吻合。

第二，高校篮球教材内容的创新要通过教学情境的创设将篮球教学内容背景化。高校篮球教材中往往有一部分知识抽象而难以理解，针对这部分内容，篮球教师可利用情境构建或与相关背景知识融合，降低理解难度，使学习变得相对容易。例如，学生常常有篮球理论知识很难学的印象，主要原因在于学生接触到的教学内容大都为既定知识及抽象的结论，篮球授课教师可根据教学实际情况适当取舍，着重挑选能够激发学生兴趣、与学生现实生活息息相关的生动素材，构建开放性问题情境，引导学生开展自主探究，让学生通过过程化学习的方式发现、感受并理解抽象知识。教学情境要能使学生的情感产生触动，能激发学生自主探究的欲望，能使学生快速沉浸到最佳学习状态之中，这样才能为学生的学习创造更好的情感体验。

第三，高校篮球教材内容的创新要使高校篮球教学内容更加突出过程化。新课改要求改变课程重点由知识传授转移到过程体验上来，突出积极主动的学习态度的养成，引导学生在基础知识、基本技能的习得过程中学会如何学习并构建正确的思想价值观念。对于篮球教师来说，他们要在教学过程中有意识地突出教学内容的过程化属性，强调学生对知识产生、发展与应用过程的体验，有目的地引导学生自主观察、发现、探究，引导学生逐步探索问题，寻求结果，强调情感态度和思想价值观念的渗透，努力实现学生在技战术、理论知识学习以及情感态度理念、运动技能等各方面的全面协调发展。

（二）篮球课程资源的深入开发与充分利用

有学者提出，"从课程理论角度出发，课程资源的开发价值至少要经过三层检验筛选才能最终确定：第一层检验为教育哲学，即有价值的课程资源需要能够帮助实现教育理想、推动办学宗旨转变为现实并能够反映社会发展需求与进步方向；第二层检验为学习理论，即有价值的课程资源需要同学生学习的内容条件保持一致性，要能够与学生身心发展特点相符合，能够同学生兴趣爱好、发展需求相适应；第三层检验为教学理论，即有价值的课程资源需要同教师教育教学修养的实际发展状况保持一致"。高校篮球教学内容的创新必须经过这三重标准严格检验，只有完全通过检验，才能够作为必要课程资源被归入高校篮球教学层面当中。

然而，在实践过程中，篮球教师也必须认识到，深入开发与充分利用后的课程资源价值体现在其能够在高校篮球教学实践中发挥出应有效用。实践是检验真理的唯一标准，只有在融入高校篮球教学实践并真正发挥出积极效用后，教学资源的存在价值与应有意义才能得以彰显。深入开发与充分利用篮球课程资源可从以下三个方面入手：

首先，要从调动一线篮球教师积极主动性入手，实现篮球课程资源最大限度的开发与利用。在高校篮球教学资源开发过程中，较大的障碍是课程资源的缺乏，这个问题也极大地困扰着广大篮球教师。篮球课程资源缺乏的原因多种多样，其中，教师薄弱的课程意识是造成这一问题的重要原因。当前部分一线篮球授课教师未能充分意识到自己也是课程资源的重要组成部分。在当前形势下，教育改革的深入要求篮球教师不得不面对新挑战、新要求，其中极为重要的一项就是篮球教师要具备课程开发能力及相关专业素养。我们需要认识到，篮球教师在很大程度上对鉴别课程资源、开发新资源、积累生活中的课程资源以及二次利用资源等方面起着决定性作用。篮球教师自身的学识积累、能力技巧、经验经历等都能够与篮球教材有机融合在一起，使篮球教学课程资源得到较大丰富。可见，调动广大篮球授课教师的积极性，使其树立起课程资源开发意识，对于篮球教学资源的开发以及教学发展的推动有着重要性和必要性。

其次，要以广泛调查为参考，明确篮球课程资源的开发类型以及开发方式。社会调查要保证广泛性和代表性，要对当前社会环境下篮球人才素质的基本要求有所明确，对当前社会环境下篮球课程资源开发利用的选择范围有所明确，要以学生为对象开展广泛调查，明确当前学生对篮球课程资源提出了何种需求、对篮球课程资源表现出何种兴趣，以及何种篮球课程资源能够对学生学习发展起到帮助作用。在确定了开发利用的篮球课程资源的类型后，篮球教师开展广泛调查，收集意见和建议，确定资源开发与利用的详细措施，从实践层面确保资源能够以更加高效、顺利的方式切实和高校篮球教学融合起来，全面具体地为篮球教学活动和学生发展服务。

最后，培养独具特色的校园篮球文化。校园篮球文化本质上是师生传统习惯、价值范畴、思维行为方式等的综合体现，是在校内、班级等特殊场所，由校园个性化社会结构、成员共同发展目标等支撑而产生和发展起来的。校园篮球文化作为课程资源有一定的特殊性，具有非学术性、隐性课程的作用，能够潜移默化地培养学生的健康人格，陶冶学生的情操。

（三）开发、利用学生资源

在篮球教学中，篮球教师与学生在本质上都可被视为潜在的、丰富的课程资源。本书将开发、利用学生资源单独列出，而未将其归纳到篮球课程资源的开发利用策略部分统一讨论，是出于对学生本身作为课程资源的重要性与特殊性的考虑。开发利用学生资源，对篮球教学目标的确立与实现教学内容的组织以及教学实施的具体方式等都有着直接影响。众所周知，高校篮球教学设置的出发点是学生发展，课程改革的出发点和目的也是帮助学生实现更好的发展。然而，无论是从我国传统篮球教学还是从当前的教学改革来看，篮球课程创新改革的目标人群学生正处于严重"隐形"状态，学生在教学中的价值、意义和作用总被忽视甚至是遗忘。作为重要的篮球课程资源的学生，同样需要受到重视。高校篮球教学内容选择与组织，必须充分考虑学生身心发展实际状况，重视学生在兴趣爱好、认知水平、情感个性等方面的差异性。同样，教师在开发与利用学生资源的过程中，必须更新传统教育教学理念，正确认识并充分尊重学生作为独立个体的差异性，保证学生在教学活动中的平等权利，重视学生的教学主体地位，最大限度地发掘学生的内在潜能，通过因势利导并科学开发利用，使学生资源能够转变成为高校篮球教学内容中直接形象、鲜活具体且充满生命力、个性化的教学资源。

第三节　高校篮球课程教学内容多元化发展探究

在"素质教育""快乐体育"等教学理念的指导下，高校篮球教学内容也朝着多元化方向发展，为了更好地满足学生的需求，许多学校都在探索将篮球游戏、三人制篮球等融入篮球课程教学当中，这对提升高校篮球课堂的趣味性，对激发学生的篮球学习兴趣具有重要作用。

一、篮球游戏在高校篮球课程教学中的融入

（一）篮球游戏的概念

篮球游戏大多是分队集体进行的，有助于培养学生的集体主义精神，培养学生遵守纪律、团结互助、机智灵活、勇敢顽强等优良品德和作风，提高学生的观察、判断能力，有助于学生篮球意识的强化与形成。

（二）将篮球游戏融入高校篮球课程教学中的作用

从篮球游戏的特点来看，篮球游戏对高校篮球教学的作用是非常显著的，它可以激发学生的学习热情，培养学生的团队精神和集体主义精神，教育学生遵守纪律、团结协作，巩固和提高学生的体育技能，历练学生的创新思维和敢于拼搏的竞争精神。可以说，篮球游戏对于篮球教学有着非常重要的作用，具体而言，体现在以下四个方面。

1. 激发学生的学习兴趣

篮球运动具有紧张激烈的竞技性、对抗性及战术性的特征。尤其是篮球项目的"防守""突破""运球""投篮""传接球""移动"等技术都有较为严格的规范。不同的技术动作对学生的练习次数和身体素质都有较为明确的要求。篮球游戏具有竞技性和趣味性，符合学生的心理特点、生理特征及认知规律，能够丰富篮球教学的授课形式，使学生在欢快、愉悦的环境中提高身体的协调性及柔韧性，有助于学生更好地投入篮球课堂。将篮球教学与篮球游戏相结合，有助于集中学生的注意力，调动学生学习篮球知识的积极性，激发学生的学习兴趣。

2. 丰富篮球教学形式

篮球游戏能够将篮球项目的基本战术与运动技术编排成系统的整体，以游戏的方式帮助学生进行教学训练。明确的游戏规则、战术要求与技术标准能够丰富篮球教学的形式，调动学生参与篮球教学和训练活动的积极性和自觉性，使学生更好地提高战术、技术水平，掌握技术要领，增强身体素质。在篮球游戏设置与应用的过程中，教师可根据教学内容编排一些具有针对性的游戏内容和练习内容，进而在激发学生兴趣的同时，提高篮球训练的强度和增加次数，实现预期的篮球教学目标。教师可以根据篮球

教学内容和实际要求，变换游戏的内容和形式，使篮球教学的形式变得更加多样化和多元化。例如，在教学开始阶段，教师可以以篮球游戏吸引学生的注意力，随后利用游戏的方式传授篮球知识，提高训练强度，使学生在不知不觉中掌握篮球运动的动作技术和战术要领。

3. 突出学生的主体地位

教师在编排和选择篮球游戏的过程中，需要紧密结合篮球教学的基本内容，使篮球游戏切实成为教学的有机组成部分，使学生能够在篮球教学的过程中发挥主观能动性，提高篮球教学质量。教师在开展篮球游戏活动时，需要结合学生、器材、场地及技术等因素，设计难度适中的游戏形式，使学生能够在游戏开展的过程中，更好地根据自身的发展需求，参与篮球训练和篮球教学活动。此外，教师还需要结合学生的性格特征和认知特点，灵活变换游戏的开展形式和内容，保持篮球教学的"新鲜度"。在某种程度上，篮球游戏能够切实突出学生的主体地位，使篮球教学围绕学生的发展需求展开。

4. 拓展篮球课的教育功能

篮球游戏都是有一定规则的，学生在积极接受游戏性教学的同时必须遵守游戏的规则。同时，游戏的内容和形式是多样的，其参与的形式不拘一格，有单个人参与的，也有需要多人分组合作的，而且篮球游戏都是要根据完成的数量、质量、速度等标准判别胜负的，这样就使篮球游戏的行为内涵更为丰富，教育功能更加全面。首先，篮球游戏培养了学生公平竞争的精神。篮球游戏最终会分出胜负，参与篮球游戏的集体或个人都会产生一种强烈的获胜欲望而积极参与竞争，而且游戏的参与者要遵守规则，公平竞争，这些精神正是现代社会人们所必须具备的品质。其次，篮球游戏培养了学生团结协作的精神。集体性的篮球游戏为了获得最终的胜利，特别需要发挥集体的智慧力量，需要大家团结一致，相互配合。最后，篮球游戏有利于学生思维能力和创新能力的开发。在篮球教学中，在某些技术动作或基本技能尚未被学生熟练掌握的情况下，教师通常采用将技术、技能融入游戏的办法，精心设计游戏，利用游戏的特性引导学生在无形中掌握基本的技术和技能。另外，学生能够运用自身熟练掌握的技术、技能，在教师的指导下自行组织、创造新的篮球游戏，满足课堂篮球游戏的需求。这样的篮球游戏既能够让学生有效地参与，又能够培养学生自主创新的能力。

（三）将篮球游戏融入高校篮球课程各教学环节中的要点分析

科学合理地在篮球课堂上融入篮球游戏教学，能促进篮球教学效果的提升，但是高校篮球教师也应明晰运用篮球游戏开展教学的作用，然后使篮球教学发挥最优效果。篮球游戏运用于篮球课各个环节中的作用见表3-1。

表 3-1   篮球游戏运用于篮球课各个环节中的作用

篮球课环节	作用分析
引导课	避免讲解烦冗的技术动作要领和重复多次做单一准备动作
篮球课准备活动	提高大脑中枢神经系统的兴奋性
篮球课基本部分	可使学生熟练地掌握篮球最基本的技术和技能
篮球课结束部分	可以缓解学生学习过程中的疲劳，起到放松的作用

从表中，我们可以发现，在每节课的不同环节采用篮球游戏对学生会起到不同的作用。高校篮球教师应根据篮球课的教学目标、内容和任务有的放矢地选择篮球游戏，这样才能使篮球游戏达到预期的效果，选择的篮球游戏才有意义。篮球游戏要在教学过程中的不同阶段来进行，这样的篮球游戏才有时效性。下面具体分析在篮球教学中不同环节对篮球游戏的运用。

1. 篮球游戏在篮球引导课中的运用

教师为了避免讲解烦冗的技术动作要领和亲自重复多次做单一的准备动作，可以在篮球课的开始安排一些简单的与篮球相关的游戏，用趣味性吸引学生，可以使学生非常愉快地掌握运动技巧并且达到锻炼身体的目的，为接下来的课程内容学习打下坚实的基础。

2. 篮球游戏在篮球课准备活动中的运用

篮球课准备活动部分主要是通过准备活动来提高大脑的中枢神经系统的兴奋性的，但是必须达到一定的程度，这样就可以克服内脏器官在生理上产生的惰性，加强人体的新陈代谢过程，同时，人体肌肉在活动时的黏滞性会减少，人体肌肉和韧带的弹性和力量就会有所提高，关节中的滑液会有所增加，这样关节的灵活性就会跟着加强，在上课过程中学生就不会有运动方面的损伤。根据篮球课大纲的要求，在课前做准备活动的时候，合理地运用篮球游戏能达到甚至会超过慢跑加其他准备活动的生理准备要求。从学生的心理状态方面来看，学生上课的兴奋性会更高，这样就为接下来课程的基本部分的教学做好了准备。篮球课的准备活动中应该安排密度比较大而强度比较小的各式各样的有球或者无球的游戏，如"三人传四球""不倒翁""三角传球"等简单篮球游戏，在活动学生的身体各部位的同时激发学生的学习兴趣。

3. 篮球游戏在篮球课的基本部分中的运用

篮球课基本部分的主要任务是根据教学大纲学习课程的新内容，巩固和学习上节课或者以前课程学习的旧内容。在学习新内容的过程中，教师通过设计专门的篮球游戏，反复进行练习，可以使学生熟练地掌握篮球最基本的技术和技能，在培养学生顽强、勇敢、热爱集体等意志品质的同时，也可以增强学生的身体素质。教师如果在规定的教学内容中有针对性地采用一些篮球游戏，对学生复习学习过的内容和提高当堂课所学习的篮球基本技术具有很大作用。如果学生已经掌握了最基本的篮球技术动作，教师就可以组织学生进行一些对抗气氛比较浓的竞赛性游戏，适当地增加游戏的难度。这样学生会进一步体会到篮球技术动作的要领，在熟练掌握篮球动作的同时，培养集体主义精神。在游戏的过程中，学生可以互相交流，指出游戏过程中技术动作的错误并加以改正，这既能培养学生的意志品质，又可以提升学生学习的效果和上课的效率。

4. 篮球游戏在篮球课结束部分中的运用

在篮球课基本部分的授课过程中，学生会做剧烈的活动，在课程接近尾声的时候，为了尽快使学生的身体状态从兴奋慢慢地恢复到相对安静的状态（这样不会耽误接下来专业课的学习，且课后不会出现身体酸痛的状况），教师在篮球课末尾安排的篮球游戏应该是一些使学生身心都会得到放松的游戏，运动量不能太大，使学生在愉快、轻松的氛围中结束本节篮球课，做到心情愉悦，这样上课的最基本的目的也就达到了。例如，学生以篮球为按摩工具互相进行各个部位肌肉的按摩。

在高校篮球教学中引入篮球游戏最重要的目的就是使学生能更好地巩固学习过的知识，以及提高新学习的篮球技术。特定的、专门的篮球游戏教学，首先可以使学生很容易地接受最基本的篮球技术动作；其次可以达到锻炼身体的目的，提高学生的基本身体素质；最后通过单一的或综合的游戏可以发挥学生的思维创造性，培养学生对遵守游戏规则的意识，使教学效果更好。

二、三人制篮球在高校篮球教学中的融入

(一) 三人制篮球概念与特点

1. 三人制篮球的概念

三人制篮球是指在半场进行的三对三的篮球对抗运动，是在五人制篮球的基础上发展起来的一种新的体育运动项目。三人制篮球运动是街头篮球运动的分支，街头篮球运动起源于 20 世纪 60 年代三人制篮球这一运动自 20 世纪 90 年代传入中国，在中国的北京、上海、广州等一些大中城市广泛开展。

2. 三人制篮球运动与五人制篮球运动比赛特点的对比分析 (见表 3-2)

表 3-2　三人制篮球运动与五人制篮球运动比赛特点的比较

内容	三人制	五人制
单节时间	10 分钟/半场	12 分钟/节
比赛时间	上、下半场	4 节
场地	半场 105 平方米	全场 210 平方米
技术运用	基础技术	基础技术、位置技术
战术配合	2~3 人之间简单配合	5 人之间整体配合
进攻形式	一对一	快攻、阵地进攻
防守形式	一人防一人	各种联防
防守面积	35 平方米	21 平方米

（1）三人制篮球赛比五人制篮球赛物质和技术要求更低、更易普及

高校体育作为学校体育的最后阶段，也是全民健身的基础。高校篮球课程教学应紧扣健身教育主题，以普及篮球运动为重点，达到增进学生身心健康和培养学生锻炼身体习惯的目的。五人制篮球赛要求参赛的双方队员都应具备高度的技术性、严密的集体性和良好的全场攻防战术意识，这些需要学生经过较长时间有组织、有目的的技术训练，才能充分发挥技能，这就使得水平不高的学生不敢介入。再者，五人制篮球比赛对场地的数量要求比较多，所以比赛周期比较长，造成比赛只能以院系为单位进行，限制了参加人数，也使一些篮球技术不高的学生没有上场展示自己的

机会，从而影响了他们参加篮球运动的积极性。这不利于高校篮球运动的普及，只能适应高校高水平篮球队的建设。

三人制半场篮球赛改变了这一状况，它简化了篮球比赛，降低了难度和技巧性。场地设施要求也简单，对参赛队伍的组成、比赛场地、设备等方面要求不设诸多条件限制，易于开展，只需一块平地，一个简易的篮球架，队员组合灵活简便。组织者一般采用分组循环的方式把参赛队分成若干小组，各小组先进行单循环比赛，排出各小组的名次，然后进行淘汰赛决出最后名次，这样便大大地缩短了竞赛周期。三人制篮球运动可以在场地数量、时间相同的情况下，比五人制篮球赛多出 4~5 倍的参赛队，弥补了学校在组织经费、场地和器材上的不足，更主要的是增加了每个学生参与锻炼的机会，调动了学生参与课外篮球运动的积极性，推动了高校篮球运动的普及。

（2）三人制比五人制篮球赛更随意轻松，趣味性更强

自从篮球具有了比较完整的竞赛规则，成立了世界性的篮球运动组织——国际篮球联合会，后被列入奥运会的比赛项目，篮球运动逐步发展成为一项具有完整规则和竞赛体制，以获得胜利为最高价值取向的"竞技运动"。现代篮球运动是一项两队在长 28 米，宽 15 米的场地内，以将球投入高 3.05 米的篮筐为目的的进行攻守的运动项目。作为竞技运动项目，篮球规则一百多年来在"空间、时间、数量和质量"方面的变化无不是在顺应和促进这项运动的发展。比较而言，半场三人制篮球赛和正式的五人制篮球赛在最终价值取向上有着本质的区别。

"快乐体育"是一种体育教学思想，教师树立快乐体育的理念，激发学生参加篮球运动的热情与锻炼的兴趣，满足学生的学习需求，有利于培养学生终身体育意识与健全的人格，培养学生体育锻炼的习惯。三人制篮球为高校学生树立终身体育意识提供了途径，适合在高校开展。最初的三人制比赛是作为一种练习手段或者是一种游戏活动而产生的。因而，三人制比赛不具有五人制篮球比赛那种日趋强烈的"竞技性"，而更多地表现篮球游戏性质的内在价值，充分体现了趣味性、娱乐性、健身性的特点。三人制篮球比赛内容多样，渗透着轻松随意，游戏性强，每个参赛人员都能享受到篮球的乐趣。

（3）与五人制篮球赛相比，三人制篮球赛增强了比赛的连续性和竞争性

五人制篮球赛，由于受到全场传球路线长和基本技战术等因素的制约，对于基本技术较差、场上意识不强的学生来说，他们在全场的跑动中经常出现走步、传接球失误等现象，严重影响了比赛的连续性，呈现出球

员来回奔跑于球场的乏味局面，难以体现篮球比赛的激烈性和对抗性。三人制篮球赛简化了比赛，降低了对参赛者的技战术要求，即使是出现传球失误等，队员也可立即在半场内迅速转攻为守，避免了全场反复来回跑动，从而保证了比赛的连续性。虽然半场三人制篮球赛时间比全场五人制篮球赛少一半，但攻防转换、抢篮板、投篮次数以及传接球的机会却增多了，使学生充分体验到了篮球的魅力所在。

（二）将三人制篮球运动融入高校篮球课程教学中的价值分析

1. 三人制篮球运动对高校体育文化的促进价值分析

（1）三人制篮球运动促进校园篮球文化的发展

三人制篮球赛是校园体育文化的一种，有着深刻的内涵和丰富独特的文化意蕴。它是由校园体育精神文化、体育制度文化、体育资源文化等几部分组成的，是素质教育和体育两大文化体系的交汇点，有利于对学生德智体美劳等综合素质进行优化。三人制篮球赛的开展，促进了校园体育文化的建设和开展，是学校素质教育的重要内容，为培养学生的体育能力提供了良好的空间，使学校的体育文化丰富且有特色。随着三人制篮球这种街头篮球在校园的蓬勃开展及在学生中影响的不断扩大，篮球运动成为学生日常体育锻炼的热点。三人制篮球赛使篮球运动集竞赛、娱乐、健身和游戏于一体，满足了普通学生参与的愿望，深受学生的喜爱，从而逐渐形成了浓厚的篮球文化氛围，为培养学生的终身体育意识打下了坚实的基础，同时为篮球运动选拔人才做出了突出贡献，更对活跃校园文化生活，特别是促进校园体育文化发展起到了很大的推动作用，为加强校园体育文化建设构建了强大的平台。

（2）三人制篮球运动促进大学生体育意识的形成和培养

三人制篮球文化作为高校体育文化的一种，其中蕴含的篮球意识集中反映了学生的体育精神和道德观念。体育意识是指人们在接受身体教育或从事运动竞技的实践过程中逐步形成的一系列心理品质和理性认识，这些品质和认识支配着人们的健身和竞技行为，并通过多种途径扩展到人们的其他社会行为中。体育意识主要包括参与意识、竞争意识、拼搏意识、合作意识、公平意识等。从意识的主体角度着眼可以把体育意识区分为个体体育意识和群体体育意识。个体体育意识促使某个具体的人采取自己认为正确有效的方式来决定自身的健身或竞技行为；群体体育意识支配着该群体的健身、竞技及其他社会行为，并作用于个体的体育意识。一个人的群体体育意识的培养，在很大程度上要依靠体育文化的发展。在体育活动中，三人制篮球赛活动中本质性地包含着公平竞争、团结协作、拼搏精神的因素。在其丰富的活动与激烈的对抗中，体现的是各高校学生的思想品德，人与人的多方面关系，集人的行为关系、公平竞争和团体合作于一体。正是在这种激烈的对抗中，人的意志力、创造力、想象力得到激发，对人的全面发展、综合素质的培养具有重要的促进作用。恰当的体育活动可以有效激发校园文化的内在活力和校际交流，三人制篮球充分印证了这一点。

（3）三人制篮球运动促进学生良好的意志品质和团队精神的形成

三人制篮球运动的成功之处，在于它利用学校文化氛围的包装，注重"人才的培养"，突出育人的宗旨，使传统体育教育在理论与实践的结合中实现着质的升华，使学生对体育有一种全新的思维观念，对"身"和"心"的健康发展有较深层次的理解。

三人制篮球以"青春篮球""魅力篮球"的特色吸引着众多学生以不同的方式参与其中，成为学生学习公平竞争、不断进取的最好演练场。在比赛中，学生发挥自己真实的才能，展现出高超的技巧，表现出自己超人的"本领"，从而赢得人们的认可和赞美。朝气蓬勃的大学生是追求发展、不断进取的特殊群体，而三人篮球运动文化又是培养他们进取精神的新的促进剂和催化剂。从这个意义上讲，三人制篮球不仅是篮球文化的表现形式，更是一种大学生完善人格的特殊文化。他们通过参与三人制篮球，不仅可以强健体魄、愉悦身心，还可以培养个人的意志品质、团队精神、竞争意识和坚定完成某一项任务的信心。三人制篮球运动不仅是一项与篮球运动有关的赛事，而且承担着大学生身心健康教育的责任，弘扬着一种团队合作的集体主义精神，展现着一种拼搏向上的精神风貌，承载着营造校园篮球文化氛围、促进体育文化层次提升的神圣使命。良好的校园体育文化所营造的向上的体育精神，会使学生亲身感受到体育对人心灵的熏陶，从而潜移默化地影响学生人格的塑造，进而与校风、学风相结合，融入学校独特的氛围，形成各高校既有共同规律又具鲜明个性的校园文化。

2. 三人制篮球运动的教育价值分析

三人制篮球运动有助于人的个性自由发展。运动中，双方需要观察对手、分析判断、扬长避短、创造优势、把握时机、敢于胜利。三人制篮球运动为人们的个性发展提供了更广阔的演练天地，或表现健康向上的生命活力，或追求内心的自我超越，或品尝胜利的满足感，或塑造拼搏进取的人格精神，人人都可以做出自己的选择。

（三）三人制篮球运动融入高校篮球教学的对策分析

1. 基于"终身体育"的理念，优化高校篮球教学内容

相对于五人制篮球而言，三人制篮球的规则简单，对于参与人员的技战术要求不高，强度适宜，适合普通群体参与。具有娱乐性、健身性、游戏性等特征，这和竞技篮球的差距非常大。同时，相对于竞技篮球运动员的水平，大学生篮球水平较低，所以，三人制篮球运动必然会向着大众化方向推广。基于"终身体育"的理念，对体育教学内容进行优化，重视三人制篮球教学，推动三人制篮球运动的开展，一要对三人制篮球教学内容进行优化，将新的教学观念融入三人制篮球教学中，对大学生的主体地位给予重视，通过多媒体技术等创新教学手段，重视户外篮球教学，引导大学生加强练习；二要通过游戏法、分层教学等教学方法，调动大学生参加三人制篮球的积极性，使不同水平的大学生都可以得到提高。

2. 不断提高三人制篮球在高校的普及率

各高校应立足于实际情况，在篮球教学中增加三人制篮球教学内容，完善三人制篮球训练体系。篮球教学中增加三人制篮球教学内容的比例，使越来越多的大学生能够更深入地认识三人制篮球的技战术、比赛规则等内容。高校三人制篮球教学形式要实现多元化。通过三人制篮球教学的开展，一方面激发大学生参与篮球的热情，提高大学生的身体素质，另一方面丰富高校篮球校园文化。在高校普及三人制篮球运动，在提高大学生身体素质同时，培养其终身体育习惯，进而为三人制篮球教学内容在篮球教学中的融入提供保障。

3. 加大三人制篮球宣传力度，为三人制篮球教学营造氛围

任何体育运动项目的发展都需要通过媒体进行宣传，以加深受众对它的了解，从而产生兴趣。当前，有些高校在宣传三人制篮球方面存在不足，影响了高校三人制篮球运动的开展。因此，高校必须加强对于三人制篮球运动的宣传，从而推动三人制篮球运动的开展。通过宣传，人们能够对三人制篮球有更加深入的认识，并且能够真正地接受这项运动。尽管与电视、互联网等宣传手段相比，校园广播、学校宣传栏等的宣传缺乏生动性，然而其在高校中存在广泛性，因此，通过校园广播、校内宣传栏等方式对在高校中开展三人制篮球进行大力宣传，使大学生能够及时了解三人制篮球的比赛信息、比赛规则等。在高校中，三人制

篮球知识的传播还可以利用体育讲座、校报等方式进行，通过宣传，激发大学生参加三人制篮球运动的热情，营造篮球运动氛围，扩大三人制篮球运动在高校的影响力，通过三人制篮球运动的宣传，使越来越多的学生了解、认识三人制篮球，并喜爱三人制篮球运动，为高校增加三人制篮球教学内容提供支持。

4. 优化三人制篮球教学

学生获取知识的最根本的方法就是教学。在教学过程中，学生可以通过篮球教材获取三人制篮球知识。现阶段篮球教材中对于三人制篮球运动知识的介绍比较简单和浅显，同时缺乏技战术知识的介绍，部分篮球教材甚至没有涉及关于三人制篮球的内容，造成了三人制篮球教材内容的缺乏。篮球教学应对三人制篮球教材的建设给予重视，对三人制篮球课程进行合理安排，同时合理地编排三人制篮球教学内容。在三人制篮球教学中，教师要细化教学环节，对教学实践予以重视。

教师对于篮球教学有着重要的影响，其素质、执教水平等直接影响着大学生对于三人制篮球的认识。因此，高校篮球教师在课堂教学中以及课下要加强和学生关于三人制篮球运动的互动，各个年级教师要统一备课，给学生讲解要有统一尺度，统一进度，充分地调动学生的积极性。学生与教师相互配合，能够对三人制篮球教学起到促进作用。学校也要多派教师出去学习三人制篮球知识，提高篮球教师教学水平，为高校三人制篮球教学的开展提供师资保障。

5. 增加经费投入，完善三人制篮球教学场地设施

篮球场地设施是三人制篮球教学的物质保障。学生参与三人制篮球运动的热情与体育场地、设施等有着直接的联系。篮球场地和器材质量高、数量多对于大学生参与三人制篮球运动起着促进作用。所以，各高校应根据实际情况，适当加大对体育经费的投入力度，对社会、企业资金进行合理吸收，加强场地设施建设，积极组织篮球比赛，同时，对已有的篮球场地进行塑胶化，对露天的篮球场地设施进行完善，对室内篮球馆加强开放力度，对场地资源进行合理利用，对场地的管理制度进行构建，确保篮球场地、设施等建设能够为三人制篮球教学内容提供物质保障。

总之，高校应通过多种途径以保障三人制篮球教学活动的开展。

第四章 高校篮球课程教学方法的优化与探究

第一节 高校篮球课程教学方法概述

一、高校篮球课程教学方法的含义

高校篮球课程教学方法是在高校篮球课程教学过程中，为了达到篮球课程教学目标，高校师生所采用的教学方式、途径和手段的总称。针对高校篮球课程教学方法的含义，我们可从以下几个方面加以理解。

（一）高校篮球课程教学方法是教与学的统一

高校篮球课程教学方法是教与学的统一，教师和学生是教学活动的主体，只有师生之间实现有效互动，才能够更好地发挥高校篮球课程教学方法的价值与作用。我们可以简单地把高校篮球教学活动理解为"教师的教"和"学生的学"两个层次的内容。教师的教学方法和手段都是针对学生来选择与运用的，教师和学生之间具有密切的关系，只有在师生的双边互动中，教学任务才能完成。因此，教和学两方面的内容贯穿于高校篮球课程教学方法实施的始终。

篮球课程教学方法与其他科目教学方法的主要区别在于，篮球课程教学方法在注重教学语言要素的同时，更加注重动作要素。在高校篮球教学过程中，学生各种动作的掌握和熟练运用都需要教师进行示范、讲解以及纠正，学生在此基础上进行重复练习。只有这样，学生才能掌握相应的技术动作。因此，高校篮球课程教学方法也是教师和学生的动作和行为的总和。

（二）高校篮球课程教学方法与教学目标不可分割

任何一种体育教学方法都具有一定的目标性，如果脱离目标，那么体育教学方法也就失去了其存在的意义。高校篮球课程教学方法的实施应能促进篮球课程教学目标的实现。也就是说，高校篮球课程教学方法和高校篮球课程教学目标之间具有一定的不可分割性，如果将两者割裂开来，教学方法就会失去方向，会表现出一定的盲目性；教学目标和任务如果脱离了教学方法，则不能得到有效实现。

（三）高校篮球课程教学方法具有多元化功能

现代高校篮球课程教学不仅注重学生篮球运动技能的掌握以及各方面身体素质的增强，更加注重学生的全面发展。因此，高校篮球课程教学方法具有多元化功能，其不仅能够在一定程度上促进学生运动能力的增强，而且能够促进学生思想道德品质、心理素质等方面的发展，对学生的全面发展具有重要的促进作用。

二、高校篮球课程教学方法的特点

（一）多元性特点

高校篮球课程教学内容的差异、教学情境的不同等对篮球教师教学方法的选择提出了不同的要求。即使在教学情境和教学内容完全一致的情况下，不同教学方法的应用也可能带来千差万别的教学效果。从教学实践来看，不同教学方法产生的效果各有特色，然而任何教学方法都有各自的限制性。例如，讲授教学法能够减少课堂实践，有利于教师控制教学过程，根据学生接受情况与教学实际灵活调整教学速度、进度、难度等，更好地帮助学生从整体上掌握系统性的知识内容，但是讲授教学法不利于学生长时间集中注意力，以及独立思考能力的培养；问答教学法在激发学生的兴趣、活跃学生思维上有着积极的作用，能够锻炼学生的思考能力，但在知识的系统性传授上不具备优势，不适用于解决高难度问题。由此可见，要将教学目标转变为现实，强调高校篮球教学方法的多元化特点是必要条件。

（二）双边性特点

高校篮球课程教学活动具有双边性，由此决定了高校篮球课程教学方法必然具备双边性特点。双边性特点是指无论何种教学方法都是由教师的"教"与学生的"学"共同形成的。双边性特点决定了高校篮球课程教学方法必须由教师与学生相互协作才能完成，仅仅依靠教师的"教"却忽略学生的"学"是不可能有效实现教学目标的。在高校篮球教学方法的实践过程中，教师与学生二者相辅相成、缺一不可。

（三）实践性特点

高校篮球课程教学方法只有依靠教学实践才能实现，因此，教学方法具有显著的实践性特点。高校篮球课程教学方法的实践性特点首先是通过目标指向表现出来的，换言之，高校篮球课程教学方法的价值主要体现在其作为教学目标的实现手段上。同时，高校篮球教学方法从基础内容到授课方式再到具体实施等各个组成部分，都是能够在实践过程中被篮球教师掌控的。因此，高校篮球教学方法的实践性特点能够直接检验篮球教师的教学水准。

（四）整体性特点

不同种类的高校篮球课程教学方法并非孤立存在的，其作用的发挥也并不能够独立实现。在高校篮球教学方法体系中，各个教学方法都是重要组成因素，各要素相互影响、相互作用并最终构成了系统整体，各种要素之间的有效配合则能使教学发挥一加一大于二的作用。应当注意的是，在教学方法体系中，各具体方法不仅具有积极效果，也可能产生消极作用，只有找到使各种方法相互配合的科学方法才能取长补短，进而有效地达成目标。

（五）发展性特点

高校篮球课程教学方法体系并非固定不变，在教学理论的发展以及教学实践的推动作用下，教学体系也必然会有所发展变化。高校篮球课程教学方法的发展性特点主要通过以下方面表现出来：首先，新的教学方法总是伴随时代发展与科技进步而不断产生的。以现代出现的教育教学方法为例，多媒体技术、信息技术的出现和普及，使电化教学、计算机辅助教学等新方法得到了普遍应用。其次，旧的高校篮球教学方法不断被赋予新的含义和内容。例如，当前篮球教学的传授方法已不再是传统的静态串讲法，而是更多地运用了姿态语、悬念设置等新的实施手段。最后，新出现的与旧有的多种高校篮球课程教学方法相互影响并有机融合到一起，推动教学模式的稳定改善。篮球教师必须关注时代发展趋势，牢牢把握时代脉搏，时刻用发展的眼光审视自身采用的教学方法，不断更新教学方法，只有这样，才能获得最佳教学效果。

第二节　高校篮球课程教学方法优化的
意义与原则

教学方法的合理选择，对教学效果的提升影响重大。当前高校篮球课程普遍存在着过度使用常规教学法，教学方法单一，教学方法创新存在认知矛盾，信息技术的教学手段使用偏少等问题，这些问题的存在严重影响了高校篮球课程教学效果的提升，因此，就需要相关研究人员以及一线教师，积极探索，优化教学方法，以提高学生的学习积极性，从而提升篮球课程教学效果。接下来，本书便就高校篮球教学方法优化的意义与原则展开研究。

一、高校篮球课程教学方法优化的意义

要确保高校篮球课程教学目标的有效实现，教学方法的优化与使用是不可或缺的重要因素。在高校篮球课程教学过程中，教学方法的多元组合与灵活应用，是提高篮球教学任务完成质量的重要手段。有效实施教学方法在高校篮球课程教学中的重要意义不言而喻。

（一）是保证师生教学活动有效性的必要条件

"工欲善其事，必先利其器。"教学方法就是这把"器"。要顺利完成高校篮球课程教学任务，必须首先解决好教学方法的问题。在篮球课程教学体系中，篮球教学方法并非单独存在于某个部分中，而是从始至终贯穿于整个教学过程，不仅教学过程各个阶段不能脱离高校篮球教学方法而存在，对于教师的教学组织活动、学生的学习活动、师生之间的教学评价活动等来说，高校篮球教学方法也是不可或缺的。可以说，关于篮球教学方法的问题没有解决，教学任务的目标就无法顺利达成。

（二）是推动教学质量与效率切实提高的重要保证

科学的教学方法能够帮助教师节省教学过程所花费的时间和精力，少走弯路；使学生在有限的教学时间内掌握的知识量更大、质更优，实现更大程度的发展；同时提升教学质量、效率。反之，陈旧落后、缺乏科学性的教学方法可能会对高校篮球教学进程产生消极影响，在阻碍高校篮球教学目标实现的同时，也会对学生发展产生不利影响。

（三）是将教师与学生紧密联系在一起的重要途径

良好的教学方法能将教师与学生紧密联系起来。师生教学活动的紧密联系是实现良好教学效果的前提。若没有科学合理、行之有效的教学方法，学生就无法有效投入学习，甚至会对学习产生抵触心理和厌恶感。若篮球教师能够将科学合理、行之有效的教学方法灵活运用到教学过程中，会激发学生参与教学的积极性，让学生对学习产生兴趣和热爱心理。

（四）是影响学生身心发展的重要因素

高校篮球教学方法的优化与科学应用能对学生的身心发展产生直接影响，对学生学习活动发挥重要作用。例如，传统教学普遍使用的灌输式教学方法打击了学生自主学习的积极性，从学生长远发展来看，不利于学生独立思考能力的培养、自主学习习惯的养成，会导致学生在综合素质培养方面陷入被动。而科学运用多元化、启发式等创新型篮球教学方法，能够刺激学生主动探究，在学生独立思考、积极表达、勇于创新的能力养成上具有积极的意义。

二、高校篮球课程教学方法优化的原则

高校篮球教学方法的构成要素包括语言、实物、实践，这是篮球教师与学生在思想和情感层面开展有效沟通的首要方式。无论是篮球教师的授课辅导、作业检查等教学活动，还是学生的听课自习、作业实践等学习活动，无论是科学文化知识的传授、技能的养成，还是科学文化知识的学习、技能的锻炼，都需要借助语言的媒介作用。没有语言的支持，教学活动就无法开展。可以说，高校篮球课程教学方法的第一构成要素就是语言。高校篮球课程教学活动需要借助器材设备才能实施，从教学实践来看，篮球教学设备情况对教师实施教学活动有着直接影响。这是因为，器材设备数量（如篮球）影响着教学密度，器材设备形状（如篮球架）影响着教学强度、难度，器材设备安排（如篮球场地）影响着教学组织方式。因此，我们将器材设备作为高校篮球教学方法的第二构成要素。实践性是高校篮球教学的特征。在实践过程中，教师能够生动形象地传授学生知识技能，学生也能够通过实践真正掌握篮球技能，实现身心和谐、全面发展。因此，高校篮球教学方法的第三构成要素是实践。无数教学案例表明，将语言、实物与实践三个构成要素有机结合在一起，教学方法效能才能得到最大程度的发挥。高校篮球课程教学方法的优化应当遵循如下

原则。

（一）坚持科学性原则

在选择高校篮球教学方法的过程中，坚持科学性主要可以从以下三方面着手。

1. 教学方法同教学客观原则相符合

（1）自觉积极性原则

篮球教师应当贯彻自觉积极性原则，将学习目标传达给学生，使之深刻理解并有所明确，激发学生在高校篮球学习方面的兴趣；综合考虑教学目标与学生实际发展情况，保证高校篮球教学在内容与方法上的科学合理。

（2）全面发展原则

篮球教师在贯彻全面发展原则时，必须考虑不同教材多元搭配的合理性，考虑能够推动学生身体素质全面发展的练习；保证每课时教学内容的多元化，为学生全面发展提供更好的条件；保证考核项目的多元化，使不同的考核项目与教学内容进行合理搭配。

（3）运动负荷合理调节原则

篮球教师要对篮球运动强度以及运动量做出灵活科学的调整，保证学生体能始终充盈，避免运动损伤的发生，使教学效率得到切实提高。

（4）循序渐进原则

篮球教师应当贯彻循序渐进原则，注意运用难度由低到高、内容由简到繁的方法安排篮球教学内容。学期正式开始前，篮球教师应对本学期篮球教学的技战术内容做出科学合理的整体性规划安排，确保每一个课时都有层次性，确保教学内容之间的衔接和谐有效，确保重点难点被着重突出，使教学的系统性与有效性能够综合体现出来。

（5）巩固提高原则

在贯彻巩固提高原则时，篮球教师应站在整体层面，全面了解每个学生在技战术上的学习水平以及不同个体之间的差异，根据学生表现出的不同特点，有计划、有针对性地确定教学内容，灵活选择教学方法，让学生的学习活动与其自身状况相适应，并以此为基础保持高效性。同时，篮球教师要在合适的时机合理安排如比赛等形式的检测，对学生在这一阶段的技战术、理论知识等学习情况做到心中有数。

2. 教学方法同教学目标相符合

高校篮球课程教学目标即篮球课程教学预期要实现的目标，大体可分为以下方面：首先是学生身心的全面、和谐以及健康发展，其次是学生对篮球技战术以及有关各种理论知识的理解与掌握，最后是学生创新探索、关爱他人、团队合作等积极意识的养成。对于高校篮球课程教学来说，除推动学生发展的主要目标之外，篮球教学目标与任务还包括：使学生树立社会主义信念，接受行为教育；使学生掌握篮球知识，具备优秀运动能力、优秀身体素质；使学生建立对篮球运动的科学认识，养成热爱运动、科学运动的习惯；使学生具备过硬的组织及适应能力。以高校篮球教学总体目标为指导，不同课时有不同的具体教学目标。篮球教师应参照各个阶段的教学目标以及具体要求，恰当地选择适宜的教学方法。

3. 教学方法要同教学内容要求相符合

高校篮球课程教学目标是篮球课程教学内容的选择依据。确定了教学目标，篮球教师就要针对其安排相应的教学内容。当前，教学目标的多元化发展趋势要求教学内容丰富多彩。例如，五人制及三人制篮球运动能够促进学生身心健康，有利于其身体协调发展，促进其体形匀称，有利于其形体的正确塑造；花式篮球能够体现出篮球韵律、美感，能够表达丰富情感。篮球教师要从学生兴趣培养角度考虑，选择趣味篮球游戏、运动，同时从学生发展角度考虑，选择适宜增强其体质、运动机能与基本活动能力的练习。与之相符合的教学方法的选择，应遵循如下几方面的原则：教学方法能够满足学生的健康需求；教学方法应对改善体质有引导作用，要重视能够使学生独立进行篮球运动的教学方法；教学方法不能仅适用于校内教学，也应当能在学生未来人生中起到积极作用。

(二) 从实际情况出发原则

高校篮球课程教学活动包括教师的"教"与学生的"学"两方面，是一种双边互动活动。因此，篮球教师在选择与应用教学方法时，要将教师与学生两方面因素都考虑在内，站在教师与学生两个立场上，考虑不同的情况，合理选择教学方法。

学生在不同年龄、不同发展阶段，其心理状态都有着较大的差异。同时，学生所选择的学科表明其所需要的教育存在较大差异。教师应当了解学生心理特征、认知水平和知识技能掌握情况，站在学生的立场上选择教学方法。学生存在年龄差异、心理发展水平差异以及发展需求的差异，因此，教学方法必须做出适当调整。例如，教师在选择体育教育专业学生的教学方法时，就要与运动训练专业学生的教学方法有所区别。

现代认知心理学理论对学生的知识体系构建及其构建方式十分重视，

关注认知结构对于新知识学习的迁移意义，强调参考学生已有的篮球知识体系来选择教学方法。例如，若学生的认知体系中具有与新知识相关的某些观点或概念，篮球教师完全可以选择启发性较强的谈话法，反之，若学生对新知识并无任何了解，谈话法就不适宜。教学方法适宜学生的认知发展程度，并非指选择教学方法时必须将其难度等控制在学生认知发展程度之下，消极地受学生认知水平程度制约；恰恰相反，教学方法的价值体现在推动学生身心向更高一层发展上，适宜学生认知发展程度的教学方法选择需要确保其意识超前。

教学方法在教学实践活动中作为工具而存在。在教学实践过程中，教学方法选择必然会受教师自身特点所影响，受其知识积累、经验形成、性格特点、思想价值乃至个人教学水平等多种因素影响，教师常常会表现出对某些方法的偏重。在大多数情况下，教师往往会使用那些自己掌握得比较好的教学方法。例如，部分篮球教师并不擅长用语言做出准确、具体、生动的描述，但善于运用直观教具，他们能够通过直观教具演示配合有效实施理论讲解；在叙述法和谈话法之间，部分篮球教师更倾向于叙述法，而非谈话法。篮球教师理解和掌握的教学方法越多，就能在各种不同的教学情境下游刃有余。此外，教学方法的选择必须对时间因素做出着重考虑，以时间做参考因素恰当地选择教学方法，确保教学任务能够在限定时间内完成。总而言之，在教学方法的选择上，篮球教师要充分考虑自身素养条件，做到扬长避短，使个人优势得到最大程度的发挥，选择适宜本身素养条件的教学方法。

坚持从实际情况出发的原则应当重视如下几个方面：首先，深入学生之中进行调查研究，及时、有效地掌握学生的具体情况。篮球教师灵活采取各种途径与方式，对学生在高校篮球学科上的知识水平、兴趣爱好、运动基础、身体发展情况等各个方面都能有所明确，能对学生的普遍情况做到心中有数，同时熟知个别学生的特殊情况，能够在教学过程中将主流及支流、现象及本质、主观及客观、积极因素及消极因素有效区别开来。其次，以学生实际情况为参考，对教学做出明确和具体的要求。若任务要求设置、教材内容选择难度过高，教学方法制定以及运动实践安排与实际脱节，超出学生发展水平与接受能力，必然会导致教学任务完成情况差，还可能使学生产生厌学情绪，甚至有可能导致教学事故；若要求标准设置过低，则学生可能会丧失学习兴趣和探究欲望，也不利于其体质强化、身心发展。最后，将普遍情况同特殊情况结合起来。以班级为教学单位，大部分学生在年龄、体质、身体发展状况与篮球学科基础等方面都处于相近水平。但也不能否认，存在着少部分学生与大多数学生之间差异十分明显的现象，要保证高校篮球教学的良好成效，篮球教师就要坚持以一般要求为前提，同时不忽视对特殊情况的考虑，将因材施教落到实处。

（三）坚持统一要求与因材施教相结合原则

我国高校篮球教学普遍使用班级授课制，将班级作为学生学习活动开展的基本单位。班级教学往往要求统一化、规范化，然而，不同学生个体在年龄、身心发展、知识技能水平等诸多方面呈现出各不相同的发展状态，导致统一规范教学对于学生个性培养、特长发挥产生不利影响。在这种情况下，篮球教师就要以统一要求为前提，同时重视因材施教。

知识技能的教学传授是由篮球教师在统一的教学活动中实现的。然而，掌握、内化知识技能的过程必须由学生单独进行。个体在高级神经活动、意志品质、身体素质等方面的差异必然会影响学生学习与锻炼过程、效果，因此，对于知识与技能的掌握，不同学生之间存在着一定的差异。篮球教师只有对不同年龄、个性、性别学生的相似与共同特点有明确的掌握，才能使班级教学有针对性地得到开展；只有对每个学生的特征有明确的掌握，才能在明确统一要求的前提下关注每个学生在特长与个性方面的培养。

在高校篮球课程教学过程中，贯彻坚持统一要求与因材施教相结合原则的关键在于，篮球教师必须对每个学生的身体素质、技能发展与个性特征有明确、深入的掌握。毋庸置疑，身体素质及健康水平不同的学生，其生理负荷能力有着明显差异，也因此在运动密度、强度上的承受、适应能力方面具有明显差异，不明确学生体质、健康情况则会给篮球教学带来极大风险，甚至产生不良后果。同时，在了解学生体质、健康状况的前提下，了解学生的兴趣爱好、情感需要等心理特征对于篮球教学同样重要。心理特征具有普遍性，也存在特殊性。相同年龄、相同性别的学生，必然会表现出普遍性、本质化特征。只有对学生心理的普遍性和差异性都有所明确，篮球教师才能真正做到从学生实际出发，站在学生心理角度因材施教，以使教学工作获得良好的效果。

"面向普遍性，兼顾特殊性"是贯彻统一要求与因材施教相结合原则的主要途径。所谓"面向中间，兼顾两头"，即以对学生身心特点的全面深入了解为基础，篮球教师首先关注有着普遍共性特征的大多数学生，同时兼顾有着个别特性的少数学生，促使基础薄弱的学生能逐步适应并赶上平均水平，使有突出优势的学生能将特长发挥出来并发展成为具有专业技能（如裁判等）的篮球人才。对大多数学生来说，其需要以篮球教师提出的明确教学要求为学习活动指导，篮球教师应根据学生认知水平安排切实有效的教学方法。教师对于教学活动的负荷、强度以及技能标准等的设置，都应设置在学生普遍能够凭借努力而达成的水平上。针对有特殊才能的少部分学生，在常规教学任务得到高质量完成的前提下，篮球教师应适当增加部分内容，满足其个性发展需求。针对基础较差的个别学生，篮球教师应在提出普遍性要求的基础上，适当放宽标准，确保学习要求不远远超出学生自身能力水平，但也必须有利于其积极改善自身的相对落后状态。必须强调的是，对于个别相对落后的学生，篮球教师切忌冷漠、歧视地对待，反而更应着重关注、热情鼓励，使其增强学习信心和动力。总而言之，在教学过程中，篮球教师要从学生各自情况出发，针对相同的教学内容，对不同学生提出深度、广度等方面的不同要求。

（四）坚持以教学理论为指导原则

教学方法突出的实践性特点要求篮球教师在选择与运用高校篮球教学方法时一定要贯彻试验先行的原则。教学方法只有经过实践证明确实有实施价值才能被普遍推广应用。同时，教学方法总是诞生、发展于相关教育理论、教育思想的科学指导中，有关高校篮球教学方法的实验是建立在实践基础上的活动，必须以教学理论作为科学指导。篮球教师必须坚持不懈地深入研究教学理论与思想，以科学、正确的理论思想为指导，在教学方法的选择与应用上进行创新。

要贯彻上述原则，篮球教师必须坚持以下三点：首先，将理论知识学习、教育教学理论研究与篮球教学具体实践有机结合到一起，以科学方式将教育教学理论应用到实践中；其次，只有经过实践检验的成功的教学方法才能被推广和广泛使用，切忌没有实践检验的主观臆造；最后，教学方法必须严格遵循科学教学理论的指导，切忌脱离理论指导、盲目开展。

第三节 高校篮球课程教学方法优化的方向与对策

一、高校篮球课程教学方法优化方向分析

（一）自我效能感

学生完成体育活动的行为与态度的直接影响因素是自我效能感。在高

校篮球课程教学过程中，夸大的难度和失败的可能性都会让学生产生畏惧感，没有足够的自信去学习新的技能，导致学生的自我评价不够客观。教学方法改革应该重视对学生自信心的培养，让自信驱使学生主动学习篮球技能。学生只有具有良好的自我效能感，才可能积极主动参与篮球学习活动，让篮球学习效率得到提升。

（二）创新能力

创新能力是学生灵活将所学知识运用于实际情境的重要体现。由于每个学生的肌肉特征等实际情况不同，理论知识与实际情况存在一定偏差，如果教师一味按部就班地教学，就会使学生的篮球技能将难以达到理想的水平。教学方法改革应该发挥学生的创新能力，将理论知识的讲解与实际演示相结合，让学生更真切地理解动作要领并能灵活运用，进而提升学生的篮球综合水平。

（三）实战能力

篮球运动不仅强调学生自身篮球知识的掌握，更强调让学生综合运用篮球知识，在团队实战中取得胜利。篮球教学过程的重心不仅应该是对知识技能的记忆，更应该是提升学生在篮球实战过程的抗压、对抗、机智等实战能力。将实战引入篮球教学课堂，是教学方法改革的重要内容之一。

（四）审美意识

篮球运动有着美学元素的渗透，跑、跳、起、落，每个动作都有着美学的成分。人与篮球的协调统一，是一种审美艺术。高校篮球课程教学方法优化应该注重审美意识的渗透，让美学陶冶学生的情操，振奋学生的精神，从而提升学生学习篮球的兴趣，提高篮球教学质量。

二、高校篮球课程教学方法优化措施

（一）心理调控法，提高学生自我效能感

心理学研究证明，大学生的心理疾病发病概率在上升，大学生的心理承受能力在降低。一些学生受其成长环境的影响，对自身缺乏客观的认识，心理承受能力较低、抗干扰能力较差、意志品质较薄弱，这些都不利于篮球教学的完成。教师应该将心理调控法渗透到教学过程中，提高学生

的自我效能感，让学生以积极健康的心态完成篮球知识学习，进而提高篮球教学效率。例如，在教授运球方法之前，教师说道："下面我们学习一个有趣的运球方法，我相信这些方法简单得你们一看就懂。"在新课教学前暗示学生新课很简单，让学生以积极的心态面对接下来的教学内容，有利于教学效率的提升。再如，在传球练习开始之前，教师强调重在练习不在输赢，进而降低竞赛给学生带来的紧张情绪。在竞赛结束后，教师对输掉的学生进行鼓励。对于因紧张而失败的学生，教师鼓励道："失败乃成功之母，老师相信你下次一定会赢的。"教师通过给予学生认可的方法，鼓励学生重拾自信心，提升学生的自我效能感。

（二）学生主体探究法，发挥创新能力

提升学生的主体地位，是指将教学重心由教师的教转变为学生的学，强调教师在篮球教学过程中的主导作用，倡导学生积极主动地学习。只有提升学生的主体地位，让学生成为篮球教学过程的主人，并在兴趣的驱使下积极主动参与篮球运动，乐于探索与创造，篮球教学效率才能从根本上得到提升。例如，在篮球的"8"字传球教学过程中，教师在讲授基本规则和基本技能之后，将学生分为若干个三人小组，组内同学一起探索"8"字传球的规律，小组同学在相互提示、相互帮助、相互修正的实际情境中逐渐掌握"8"字传球要领。在好胜心的驱使下，学生乐于主动探索传球规律，从而养成在篮球运动中学习并领悟要领的习惯。对于学生没有主动探索并掌握的要领，教师在一旁引导学生去发现，可使学生的记忆更加深刻。这种尊重学生主体地位，让学生主动探究学习的方法体现了教育的使命就是使学生学会如何学习。

（三）比试竞赛法，增强学生竞争力

篮球运动具有比较明显的对抗性，这是篮球运动的基本属性，也是篮球运动的魅力所在。比试竞赛法是指在学生已经掌握一定的技能后，模拟实战场景，让实战意识驱使学生在学习之后加强训练。比试竞赛法是篮球教学过程的"课堂检测"与"知识小结"。教师应该在学生比试完毕后及时总结知识，强化学生对篮球知识的理解。与此同时，比试竞赛法具有实战性，能提升学生在篮球活动中的抗干扰能力，促进学生综合竞争力的提升。

（四）美学渗透法，陶冶学生篮球运动情操

美育的优点是在较少地采取约束、限制手段的前提下，激发并顺应人的内在兴趣，通过美的形象唤起学生内心的共鸣。将美学渗透于篮球教学过程中，有利于学生将篮球运动的情感感受深化到意识、理念与信念中，并将其内化为自身的素质与能力。在高校篮球课程教学中，教师应该注重用美育点燃学生的篮球热情，让学生乐于发现并创造篮球运动的美。

第四节　高校篮球课程教学方法优化之多元化教学法应用探究

一、高校篮球课程教学中分层教学法的应用探究

（一）分层教学法的概念与特点

分层教学法指的是从实际情况出发，根据不同学生的学习水平、能力、学习目标以及学习差异状况，并结合学生个人的愿望，将学生按照知识能力、学习能力和身体素质分成若干层次，进行因材施教的一种教学方法。分层教学法的特点如下。

1. 符合因材施教的教学原则

每个学生的身体形态、身体素质、体育基本技能以及篮球的水平等各方面都存在一些差异。单一的传统的教学目标和教学要求很难满足全体学生的需求。这就会出现一些后进生接受不了一节课的学习内容，造成知识越落越多，最后无法跟上教师的教学步调，失去对学习的兴趣的情况。而对一些优秀生来说，每节课的学习内容并不能满足他们的需求，导致他们荒废了学习时间，出现学习止步不前的现象。因此，教师要对学生因材施教，从而使不同水平的学生都能得到最大程度的发展，并进而提高教学质量。

2. 有利于激发学生的兴趣，调动学生的积极性

如果全班采用统一的教学目标，就会出现体育后进生跟不上，体育优秀生学不到新内容的情况，从而降低学生的学习兴趣，挫伤学生学习的积极性。只有根据学生的特点和需求制订不同的教学目标，安排不同的教学内容，才能使每个学生达到"吃饱"的状态，教学才具有激励性。

3. 有利于技术的掌握和学习能力的培养

现代的体育教学已经不再是单纯的体育知识、技术的教学，而是更加倾向对学生能力的培养，如学习能力、心理调适能力、人际交往能力和社会适应能力等。那么，如何实现这样的教学目标呢？科学、合理的教学设计是关键。分层教学法就是根据各阶段学生的特点与需求，以培养学生各种能力为出发点，对教学模式进行设计，从而保证教学可以根据学生的具体情况进行，大大提高了教学针对性；在教学过程中，教师安排优秀生指导帮助后进生，同时对后进生进行鼓励教育，使学生可以体验"当老师"的感受，同时能够通过多遍的讲述、指导、示范，让学生对所指导内容有更加深刻的理解，不但能够提高学生的技能水平，还能够培养学生的责任感，并且给学生之间提供了更多的交流机会，也加深了学生之间的了解与情感。

（二）分层教学法应用于高校篮球课程教学中的影响因素分析

在高校篮球课程教学中，分层教学法的应用有着很多影响因素，这些因素如果没有受到充分重视，就会影响分层教学法的效果。

首先，是学生因素。分层教学法的应用对象就是学生，在每个分层教学法的实施过程中，学生都是教学的主体，整个篮球教学活动也是围绕着学生来展开的。对这一教学方法的有效应用的关键是学生个体的教学配合程度。在篮球教学中，如果学生对分层教学法没有进行充分有效的理解，就必然会影响分层教学法的应用效果，对学生各个方面的发展也会产生相应的影响。在实际教学中，如果教师没有重视学生的个体发展因素，就会对篮球训练的效果造成影响，学生的学习主动积极性也会在这一过程中受到影响。

其次，是教学计划因素。分层教学法在实施过程中会有很多不确定因素，其中教学计划是比较关键的因素。对不同的学生群体实施相同的教学计划会得到不同的效果，教师要能结合学生的特征以及身体和心理的具体情况来制订教学计划。教学计划如果没有得到科学化的呈现，就必然会影响分层教学法的应用效果。

最后，是教师的教学组织因素。教师在分层教学法应用中占据重要的地位，是整个教学活动的策划者和执行者。分层教学法的应用也要结合实际进行相应的调整，这就需要教师提高教学组织能力。教师如果在这一方面的能力得不到有效呈现，就会造成分层教学法的应用效率比较低下，达不到预期的教学目标。

(三) 将分层教学法应用于高校篮球课程教学中的策略

为了提高篮球课程教学的效率，教师要注重教学措施的科学化实施，在篮球教学中有针对性地实施分层教学法。笔者结合实际，对分层教学法在篮球教学中的应用策略进行了相应探究，以期能够从一定程度上促进篮球教学的良性发展。

第一，分层教学法在篮球教学中的应用要遵循相应的原则。首先要重视公平性原则。教师在篮球教学中，要能公平地对待不同个性以及不同学习能力的学生，不能因为个人的偏好而对学生有不同的看法，要注重每个学生的篮球知识技能的获得，充分重视分层教学法的应用。其次要重视激励原则。教师对分层教学法的应用要以激励学生为主，让学生的主动积极性能够在学习中得以充分发挥。最后要重视因材施教原则。教师要能对不同的学生采取不同的教学方法，实现因材施教的教学目标。

第二，篮球教学的分层教学法的应用要设置不同的教学目标。在分层教学法的应用过程中，教师要注重对不同层次的学生设置不同的篮球学习目标；注重"素质教育"理念的融入，并能紧密地结合篮球教学的内容以及学生的学习能力制订科学的篮球教学目标；在目标的设置上要避免"一刀切"，对学生的篮球教学要循序渐进地进行。篮球教学目标方面的分层只有得到科学化的呈现，才有利于篮球教学水平的提升。

第三，教师在应用分层教学法前，应完善各项准备工作。在篮球教学中应用分层教学法，需要提前对学生有充分的了解。教师在准备工作阶段要能将相应的工作加以完善，对学生的篮球喜爱程度以及个人的篮球能力等进行相应的调查；对调查的结果加以记录，然后结合实际对学生实施综合性的分析以及科学化的分类，注重对学生的差异化教学。教师不仅要对学生进行分析，还要让学生对自己加以分析，从而保障分层教学的科学性。

第四，分层教学法的实施要体现出动态化。由于学生的能力水平在实际的教学中会发生变化，这就要求教师在进行了一段时间的分层教学后，重新对学生进行分析、分层，不断地调整学生结构，这样才能使分层教学法的作用得到有效的发挥。不仅如此，篮球教学也要注重对教师队伍的良好建设。教师在篮球教学中起着主导作用，这就需要篮球教师不断提高自身的专业化技能，全面深入地认识分层教学法的应用，不仅能在实践中加以强化，还要能在教学的理论研究中不断加强。教师只有在这些方面都得到了良好发展，才有助于分层教学法作用的有效发挥。

二、高校篮球课程教学中表象训练法的应用探究

(一) 表象训练法的概念

表象训练法是一种综合性训练方法，它将人们的思维、生理和心理进行有效的整合，主张通过节奏感受、动作回忆和语言暗示等手段，将动作在脑海中进行全面映射，并使运动的过程反复出现在大脑皮层中。表象训练法的运用可以有效地提高学生的认知能力，促进其对运动动作的掌握。目前，表象训练法已经被广泛应用于篮球运动训练中。表象训练法本质上是一种新型的心理训练方法，要求运动员能够将自己最理想的运动状态反映于脑海中，并且不断进行动作表象的训练。表象又可以细分为动态表象和视觉表象两种。动态表象需要运动员亲自参与，而视觉表象则是运动员通过观看某项运动对其加以描绘。将表象训练法运用于篮球教学中，可以帮助篮球运动员进行准确卡位和占位，促使其在不断反思中增强运动的协调性。通俗地讲，表象训练法作为"转译器"而存在，它将篮球运动动作技巧在学生脑海中形成运动图式，从而帮助学生准确理解篮球运动理论，提高篮球运动能力。

(二) 将表象训练法应用于高校篮球教学的问题分析

1. 考虑学生个体特征

教师在运用表象训练法的时候，不能保持训练计划的一成不变，需要对学生的实际情况进行实时分析，对训练计划进行不断调整。不同的学生其兴趣也不同。大学生在参加表象训练时会选择自己喜欢的项目，这就要求教师针对学生的兴趣爱好做到因材施教。例如，在篮球投球的训练中，有的学生倾向于远距离投球，而有些学生倾向于近距离投球，这样教师就需要时刻关注学生的这些差异，设计出更适合学生特点的篮球训练过程和轨迹，从而使学生能够更好地理解和掌握篮球运动技巧。另外，学生所掌握的篮球技巧还能在学生脑海中形成记忆，而这些记忆又形成了表象训练的资源。同时，由于学生在篮球训练中存在明显的差异性，这就要求教师在篮球教学中深入研究其特点，进而制定出适合学生发展的表象训练策略。

2. 提高学生参与积极性

学生作为表象训练的主体，其参与的积极性直接影响表象训练的效

果。因此，教师需要积极引入激励性措施，激发学生对表象训练的参与积极性。例如，在实际篮球教学过程中，教师可以要求学生对训练中的篮球运动动作进行回忆，并且通过表象训练对其进行考核，根据考核成绩对学生进行分类，制定相应的奖励措施，以此来加强学生对篮球课堂教学的重视，激发学生主动运用表象训练法来对所学技能进行回忆，提高学生篮球训练的参与积极性。因此，奖励措施可以促使学生在反复回忆中提高对篮球运动技能的掌握程度，从而有效提高学生的篮球综合能力。除此之外，教师还可以鼓励学生充分利用课余时间对资源进行系统的整理，并且将整理的信息及时建立表象，提升表象训练完整性。另外，学生参与表象训练积极性的调动，需要内、外力的共同作用，不仅需要教师加强外在的监督，而且需要学生正确认识表象训练对自身篮球技巧提升的作用，从而激发参与表象训练的兴趣。

3. 做好资料收集准备工作

利用表象训练法训练学生的篮球技巧，除了教师言传身教之外，还需要借助一些工具来完成高校篮球表象训练法的教学工作，其中最常用的就是影像资料。影像资料的好处在于能够让教师和学生全方位地掌握标准动作的要领，分解动作的做法。为方便学生记忆，影像资料在演示动作的同时，还会对动作的规范性、动作要领进行讲解。对于篮球运动来说，除了对基本动作的训练外，还需要进行战术学习。篮球战术和排兵布阵、两军对垒是一样的，运用不同的战术会产生不同的效果，所以除了在动作上的表象教学外，教师更应该注重战术的应用，同样以影像资料的形式展现，对具体情况进行具体分析，让学生逐渐熟练运用战术和应对战术，并通过表象训练法领会战术的内涵。

(三) 表象训练法应用于高校篮球课程教学中的策略

1. 科学设置时间

在进行篮球表象教学过程中，教师需要做到对训练时间进行科学的把握。通常情况下，表象训练时间只需要 6 分钟左右。若篮球训练时间在 8 分钟以上，学生可能就会出现大脑疲劳，注意力无法集中，甚至比较容易记忆混乱，导致学生学习效率下降；但是若表象训练时间在 5 分钟之下，学生的训练程度不够，也会影响训练效果。因此，在进行篮球教学过程中，教师应科学设置学生表象训练时间，训练时间应以学生身体与实践为参考，充分将表象训练优势发挥出来。

2. 营造学习环境

由于篮球较其他体育运动更有竞争性，学生想要更好、更快地提升自己的篮球实践水平，就可利用表象训练法。但是由于表象训练法比较容易被外界因素干扰，其教学效果会受到不必要的影响，因此，教师应加强训练研究，为学生营造一个良好的学习环境，使学生的精力与注意力高度集中，减少外界干扰，增强教学效果。教师在教学中，应该注意观察每一名学生，了解不同学生性格特征与兴趣爱好的差异，营造良好教学氛围。教师通过了解每一名学生心理状态，与学生加强交流与互动，并及时解决学生的疑问，有助于学生训练技能的不断改善，提升教学效率。营造良好的教学环境可提升学生训练积极性，促使学生积极参与篮球教学活动，学习表象训练基础理论知识，并在教学中积极训练。教师在监督中如果发现学生出现技术或是动作失误，需要及时予以调整，并告知学生正确动作以及错误动作对于整个训练的影响。在良好环境中的学习，学生会积极向教师或是同学请教，提高其篮球技能。

3. 完善动作概念

在篮球教学中运用表象训练法时，教师可积极引导学生将所听所闻所看数据信息直接转变为身体信息，并不断优化自身动觉与肌肉感受能力。因此，在进行篮球训练过程中，教师可通过部分技巧对学生技术动作进行修正，让学生真正感受到动作设计的精妙，并进行语言引导，让学生重新回忆技术动作过程。在进行篮球训练过程中，教师可以通过学生的实际动作了解学生篮球动作训练进度，明确学生的动作细节，并对学生的错误动作进行必要修正，保证动作准确性，这对于学生篮球技能的提升有很大帮助。但是，需要注意的是，教师在实际教学中不能一味地只应用表象训练法，还应当与常规的教学训练进行有机的结合，在提升学生运动技能以及情绪调控力的同时，帮助学生更好、更快地加深对动作的记忆，进而实现提升教学质量的目标。

4. 加强教学设计

教学设计是篮球教学的关键。在进行篮球教学设计中，教学的几个核心环节分别为运球、接球、抢篮板、防守等，教师可以优先进行示范，让学生将动作要领记住，然后教师边示范边讲述。学生在观察教师示范过程中，注意力高度集中，之后开始回忆，促进听觉与视觉思维拓展，学生在大脑中可以回忆教师在示范中使用的体现关键动作的词语，搜寻并回忆篮球表象训练技术动作。也就是说，本阶段主要就是教师在帮助学生回想自我训练动作。教师在教学设计中应设计表象训练涉及的动作，以及设立本节课程教学目标。在进行教学设计时，教师可以将表象训练法的基本技巧、注意事项融入其中。教师要对篮球教学内容进行总结，了解不同技能与动作的基本过程，并设计教学方案，对于部分学习能力较差的学生应预先进行针对性解决，设计出适合他们的教学方案，对于学有余力的学生应拓展教学内容，进而满足不同学生的学习需求。

5. 建立正确的篮球表象

正确的篮球表象的建立是篮球表象教学法的核心内容。若学生在大脑里出现的表象本身就存在错误，就会导致学生经过习惯性动作与技巧回忆后，产生错误性记忆，而由于人的肌肉或是思维习惯很难在短时间内被改变，学生改正错误的难度就会加大，因此就需要保证表象动作是绝对正确的。例如，在篮球训练中，在投篮位置出现举球、蹬伸、投篮等基本投篮动作，其顺序是依次紧挨着的，不可出现错误。因此教师在教学过程中，应尽量将这几个投篮动作顺序安排好，并说明每一个动作的顺序对下一个动作的重要性。再如，持球过程中，学生需要始终处入控球状态，积极与不同的队友配合，从而在短时间内规避对手的抢球，等等。教师在教授运动表象时应是一个完整的过程，便于学生进行表象训练。另外，在投篮时，教师也应该提醒学生注意对手卡位与自身投篮位置，提升学生的篮球训练技能。

6. 课后巩固

在创建正确表象动作之前，需要建立动作思维。教师应要求学生在生活中对篮球训练动作进行回忆，了解不同动作之间的联系，明确动作衔接与动作顺序。教师应提醒学生进行课后巩固，了解自身可能会犯的错误与经常会犯的错误，了解自身犯错的根本原因，并进行必要修正，了解不同篮球动作要点，如在进行右手上篮时，第一步应该用较大步伐，而第二步的步伐就应放小。学生需要学会课后反思，并在训练中不断实践表象训练，在短时间内掌握表象训练法的训练技巧，进而提升运动技能。

在高校篮球教学中运用表象训练法，可以提升篮球知识较少与技能薄弱学生的专业技能，他们通过表象训练积极掌握篮球训练的不同技能，并在篮球实践中提升掌握不同篮球训练技巧，如投篮等。教师在教学中应积极观察不同学生的学习情况，并进行不定期考核，了解学生真正的学习进度，并提出改善建议，以实现篮球表象训练效果最大化。教师应在教学中完善教学形式，针对不同学生进行针对性的训练，将表象教学法与课堂巩固有效结合，提升篮球表象训练法的教学效果。

三、高校篮球课程教学中情境教学法的应用探究

（一）情境教学法的内涵

情境教学法是被广泛应用的一种将具体情境应用到教学中的新型教学方法。情境教学法的提出和应用是与传统的理论教学方法相对而言的，情境教学法能够通过具体的情境将想要表达的专业理论知识进行生动化阐述。情境教学法的目标导向是以实践为出发点，最终达到理论知识和情境的有机结合。在情境教学中，教师和学生承担不同的角色，具有较强的课堂互动性。教师在课堂中使用情境教学法不仅能够营造积极和谐的课堂氛围，还能够激发学生的学习兴趣，提高教学质量和教学效率。

（二）高校篮球课程情境教学法设计原则

1. 学生主体原则

情境教学法的优势是可以更好地激发学生的学习兴趣和学习主动性，在教学过程中更能体现学生主体性原则。如何将情境教学法的优势充分发挥出来？这就需要在教学中进行情境的创设。情境设计要围绕学生开展，充分考虑学生的兴趣、需求与真实情况。所设计的情境在教学中要能够激发学生的好奇心和学习欲望，促进学生主动地学习和思考，改变学生在课堂上被动学习的现状，使学生真正成为教学主体，从而提高教学质量。

2. 实战需要原则

在篮球教学中，教师的关注点通常是如何让学生掌握所教授的篮球技能，但却忽视了教学的最终目的是让学生在掌握篮球技能后可以更好地参与篮球运动。这种情况导致学生不会合理运用学到的篮球技能，或者技能要求达不到实战需要等诸多状况。运动技能与实战需要分离的现象最终会导致学生无法体验运动乐趣，最终失去参与体育运动的动机。所以在篮球教学中，情境的创设要充分结合实战，让学生懂得如何在实战中运用所学技能，并且了解技能练习的实战要求，从而有意识地提高练习的要求和质量，为学生以后能真正参与篮球比赛、体验运动乐趣打下基础。

3. 科学合理原则

教师在创设教学情境时要结合体育教学规律与体育教学原则，科学合理地设置教学情境；要充分考虑教学中的主客观因素，结合教学过程的实

际情况和篮球教学本身的专项特点来设计情境。学校的场地条件与器材情况，学生的心理状态、身体素质和专项技能水平等，都是限制情境设计的因素。例如，情境的设计要符合学生的专项水平，如果设计得较为复杂导致干扰过多反而不利于学生的技能学习，而设计得较为简单又不能有效地激发学生的学习兴趣。另外，情境教学设计要考虑实战性，这就有可能导致情境设置存在致使学生受伤的安全隐患，因此教师在设计时要尽量规避风险，严格把控教学过程。

（三）将情境教学法应用于高校篮球课程教学中的策略

1. 帮助学生了解篮球的文化发展，激发学生学习篮球的兴趣

篮球本身是一项具有竞争性、协作性、可观赏性、创新性的运动，因此在高校开展篮球教学，仅教给学生篮球运动的技能是远远不够的，而应该借助篮球的文化发展等让学生对篮球进行深入了解，激发他们学习篮球的兴趣。教师可以为学生设置一种轻松愉快的学习篮球文化的情境，通过情境教学让学生了解篮球这项运动的发展和其拥有的历史文化魅力。比如，教师可以借助多媒体为学生播放关于篮球发展的历史、篮球文化的形成过程，还可以播放篮球比赛视频，让学生看到篮球运动员为国争光的实例等，让学生意识到这项运动的意义，从心里真正接受这项运动。这样他们才会慢慢喜欢这项运动，并最终积极主动参与到篮球学习中。

2. 举办篮球比赛，激发学生的篮球创新精神

教育的目的是通过教师传授知识和学生学习知识来最大限度地激发学生的学习潜能，从而真正提高学生的学习能力。在教学过程中，教师首先要教给学生走、跑、跳、投等基本动作，然后让学生自主练习，在练习过程中学生有问题可以随时提出，教师要耐心解答。教师还可以让学生进行分组学习，小组成员可以彼此讨论自己练习的感受，互相讲解一些练习的技能，等等，这样一方面可以提高学生的学习效率，另一方面还可以培养学生的团队合作能力。在教学过程中，学生是学习的主体，教师的主要作用是及时给予引导。等到学生掌握了篮球的基本动作技能之后，教师可以设置篮球比赛的情境，这样可以考查学生对教师所讲内容的理解把握情况，根据学生在比赛中的表现，教师可以进行教学改进，从而提高教学质量。教师通过比赛情境的设置，还可以活跃篮球教学气氛，激发学生学习篮球的潜能，鼓励学生进行篮球创新。

3. 通过多样化情景教学法激发学生学习篮球的热情

体育教学本身是一项模仿性比较强的学科,因此在教学过程中就需要教师将技术动作直观、形象地呈现给学生。在篮球教学过程中,教师可以设置多样化的学习情境,如可以使用现代化的教学设备录制学生动作练习的过程,然后播放给学生,并指出录像中学生的哪些动作是错误的,并亲自给学生示范正确的动作,帮助学生改正。教师在进行一些复杂动作的讲解时,还可以通过重复播放教学视频来进行教学,多播放几遍视频直到学生学会这一动作为止。教师可以设置多种学习情境,丰富学生的篮球学习生活,让他们感受到学习篮球带来的快乐。

4. 巩固并升华所学的篮球知识

将情境教学法融入高校篮球教学中,可以充分发挥篮球教学的教育性与艺术性,寓教于乐,让学生在轻松、愉快的学习氛围中学习篮球知识技能,这样篮球教学就可以达到事半功倍的效果。通过一段时间的学习,学生基本上掌握了所有的篮球知识和技能,这时为了巩固、升华学生所学的篮球知识技能,教师应该设置重复基础学习的情境,目的是让学生通过重复一些基本篮球动作技能,使动作技能更加规范,同时加深对这些动作技能的印象和理解,体会篮球运动技能间的内在联系。

第五章 高校篮球课程教学模式的优化与探究

第一节 高校篮球课程教学模式概述

一、高校篮球课程教学模式的概念

教学模式是在一定教学思想或教学理论指导下建立起来的较为稳定的教学活动结构框架和活动程序。作为结构框架，教学模式突出了从宏观上把握教学活动整体及各要素之间的关系和功能；作为活动程序，教学模式则突出了有序性和可操作性。体育教学模式是指为完成体育教学单元目标而实施的稳定性较好的教学程序。高校篮球课程教学模式是篮球教学程序的体现，是高校篮球课程教学过程的具体设计和应用。

二、高校篮球课程教学模式的特点

（一）针对性特点

高校篮球课程教学模式有其特定的教学目标和使用范围，并非包罗万象。无论何种篮球课程教学模式，其建立都是针对篮球课程教学实践过程中的某个具体问题或问题的某一方面而进行的，但针对篮球课程教学内容、篮球课程教学对象、篮球课程教学环境等不同要素所形成的篮球教学模式是有很大区别的。普遍有效的模式是不存在的，每一种教学模式都有其特定的适用条件与环境

（二）可操作性特点

高校篮球课程教学模式具有可操作性特点，该特点主要表现在两个方面：一方面，篮球课程教学模式易被教师模仿。教学模式指导教师在教学中应该先做什么，再做什么，最后做什么，非常有条理，操作性较强。另一方面，篮球课程教学模式的操作程序是处于基本稳定状态的。虽然篮球

教学活动的特殊性、复杂性以及影响篮球教学的主要因素不能进行精确控制，但是其总的实施程序和适用条件是不变的，这就使其兼具灵活运用的特点，具有较强的可操作性。

（三）稳定性特点

高校篮球课程教学模式的确立实际上标志着新型的篮球教学活动结构的确立，具有一定的稳定性。篮球教学模式的稳定性是篮球教学的客观要求，如果某个教学模式在不同人和不同时间运用时都有较大的变化，那么就意味着该篮球教学模式具有不稳定性和多变性，对于教学过程的设计、开展、评价具有不良影响，也不利于学生对篮球知识技能的系统掌握。可见，稳定性是良好的篮球教学模式的基本属性和基本特点。

需要注意的是，随着时代的变迁，指导思想与外在条件等都发生了质的变化，这就要求学校适当调整和优化教学模式，因此，篮球教学模式的稳定性并不是绝对的，而是相对的。

（四）可评价性特点

科学教学模式的建立有助于篮球课程教学过程的顺利开展和良好篮球教学效果的取得，教学模式是否科学自然需要经过教学实践的检验，但是也可以通过一些指标和方法对其进行评价。对于教学模式的建立者来讲，其在建立一种相对成熟的篮球教学模式时，必须确立一个与其相适应的评价体系，这也是完善篮球课程教学模式所必须具备的条件。因此，篮球课程教学模式也必须具备可评价性。

通过对高校篮球课程教学模式的形成过程、实施程序，以及教师对教学模式的理解程度和参与、认识等进行系统评价，使高校篮球课程教学模式更符合体育教学和篮球运动学习的客观规律，以保证高校篮球课程教学目标的顺利实现。

第二节　高校篮球课程教学模式优化思路与方法

一、高校篮球课程教学模式优化思路

在高校篮球课程教学中，以篮球的规则为基础，教师就篮球的某个具体技术动作对学生进行示范教学，学生只是单纯地模仿教师的动作然后自己练习。这样的教学模式仅仅让学生对于篮球运动技巧有一个基本的了解，对于增强学生的身体素质并没有多大帮助，根本无法支撑更耗费力气而且强度更大的篮球练习和比赛。仅通过教师示范的方式，学生对于篮球战术的执行也不到位。学生体能的缺失也使其篮球运动的基础不牢固，进而使高校篮球教学不能达到一个理想的效果。篮球教学应该从学生的身体素质出发，结合篮球的战术技巧，只有这样才能让高校的篮球教学达到基本的目的。大多数高校的篮球教学模式过于固化，不注重教学中的实质内容。这种呆板的教学流程，不仅让学生在学习过程中一直处于被动的状态，还会降低学生对于篮球运动的兴趣，也很难让学生在篮球教学中全身心地投入。这也为高校篮球教育模式改革提出了新的问题。随着对高校篮球教育模式的探索，高校篮球课程教学模式优化已成为必然趋势。具体来讲，可从以下方面做好高校篮球课程教学模式的优化工作。

（一）充分发挥篮球运动的教育功能

高校篮球教学模式优化应该将篮球教学与培养学生素质联系在一起。高校所有教育的目标都是培养学生健全的人格，并且全方位地培养学生的综合能力。所以，体育教学应该注意其在学生成长中的重要指导作用，帮助学生健康成长。篮球教学能够帮助学生培养良好的习惯，既能够增长学生的篮球专业知识，又能够培养学生良好的身体素质，促进学生能力的提高。

（二）树立正确的篮球教学目标

高校的教学目标是让学生在学习过程中掌握更多的专业知识，并且培养学生的全面素质，将学生培养成为能够适应社会需要的全方位人才。所以，高校对于学生自身素质的锻炼和提高是非常重要的。学生掌握一项自己感兴趣的运动，不仅能增强自身体质，还能丰富课余生活。篮球运动作为一项深受学生喜爱的运动，能够帮助学生体会团队合作和沟通的快乐。很多学生也把篮球作为放松和释放压力的首选运动，这也是实现学生身心健康教学目标的前提。在这个竞争激烈的社会，高校学生要想快速地适应和融入社会，就要有强烈的竞争意识，而篮球作为一项具有对抗性和竞争性的运动，其每一个参与者都需要有着强烈的竞争意识。所以在篮球教学过程中，教师要注重培养学生的竞争意识，并且正确引导学生把这种竞争意识变成奋斗的力量。高校篮球教学优化应该更加注重教学目标的明确，这样才能确保高校篮球教育改革的顺利进行，并且促进学生综合素质的发展。

（三）多元化教学模式的构建

当今时代，社会朝着多元化方向发展，这就要求高校篮球教学改革朝着多元化的方向转变，摒弃以往单一的教学模式。在篮球教学过程中，教师可以运用比赛、对比等基础教学方法，以及合理的教学内容来增加一些轻松、愉快的教学元素，培养学生对篮球运动的兴趣。

（四）篮球理论知识与实践相结合

学生学好一门课程的关键是兴趣，而培养兴趣的关键就是亲身体验和参与。在教学过程中，教师发挥着最关键的作用。教师把篮球的理论知识以及实践和技能结合起来，可以有效激发学生对篮球的学习兴趣。

（五）学生团队意识的培养

篮球是一项多人合作项目。篮球竞技不仅能够帮助学生放松心情，还能够帮助学生培养团队和交际意识以及协作精神。

（六）建立科学评价考核机制

在以往的篮球教学中，教学结果是评价的唯一标准。但是在现在的篮球教学中，教师应该更加注重在教学过程中对学生学习能力的评价，针对不同学生构建出更加有针对性的、个性化的、科学的考核机制。

二、高校篮球课程教学模式优化方法

（一）转变教学观念

在高校篮球课程教学中，要实现教学模式的优化，首先需要教师转变教学观念。教师要注意将教学内容设计出更加明朗、开放的教学方式，结合教学理念，积极创新，通过多种篮球教学模式，全面提升学生对篮球的学习热情，促使学生主动融入篮球学习，提升自身综合素养。教师将创新的教学理论和思想传递给学生，能够在高校篮球课程教学中给学生眼前一亮的感觉，促使学生对篮球学习全面改观，提升学生学习的兴趣和积极性。学生也能通过发散性思维在篮球运动中大胆创新，使高校篮球课程教学综合质量在师生共同作用下得到提升。

（二）加强师生互动

篮球教学是一个双向的教学过程，需要师生双方全面融入，只有教师一方进行知识讲解，容易陷入思维定式，导致篮球教学过程缺乏创新，模式单调，从而使学生逐渐失去对篮球的学习兴趣，教师也容易丧失动力，出现懒惰情绪，使得教和学都不积极。为了全面提升篮球教学的活力，师生需要在篮球教学过程中加强沟通。教师在和全体学生全面加强信息交换的过程中了解学生在篮球学习中存在的难点和问题，及时予以有针对性地解决。在选择课程内容方面，教师要先对学生进行调查，广泛听取学生的意见，在结合学生兴趣点的同时丰富教学内容，同时将近期较为流行的篮球运动元素融入其中，使篮球教学课堂焕然一新。例如，教师可以与学生进行互动教学，与学生共同对相应动作进行学习和研究，提升学生对篮球学习的兴趣，促使学生主动积极地参与篮球学习，全面提升教学质量。

（三）增加现场实践和观摩

在篮球教学过程中，教师可以在技巧练习之后，组织团队进行篮球比赛，通过篮球比赛全面激发高校学生的竞赛热情。在篮球教学中单一的技巧训练容易导致学生学习积极性降低，通过篮球比赛可以全面调整学生的身心状态，并进一步督促其学习篮球。在篮球教学过程中，教师在对一些基本技能进行加强训练之后，可以组织学生开展篮球比赛，对场上位置进行分配，并合理谋划比赛策略，全方位提升学生的综合能力和综合素质。同时，教师可以组织学生对学校周围的篮球比赛进行现场观摩，或者利用现代化多媒体教学设备播放篮球比赛视频，并在观摩过程中进行现场讲解，分析运动员的动作要领，弘扬篮球运动精神。

（四）意识训练法

所谓意识训练法，顾名思义就是训练学生的篮球意识。在篮球教学和训练中，教师要注意提升学生对篮球学习的兴趣，使学生主动对篮球教学中涉及的内容进行深入思考。在实际教学过程中，教师不能只是简单地将自己的教学内容传输给学生，还要针对学生对相应内容的吸收情况，将内容进行系统化的概括和总结，对篮球动作相关概念进行详细讲解，确保学生能够深刻理解篮球训练的主要目的和意义。意识训练法一方面能训练学生的心理意识，提升学生竞争力和竞争意识；另一方面能训练学生的战术意识，促使学生在实际训练中始终保持良好的精神状态，有效提升训练效率和质量。

第三节　高校篮球课程教学模式优化之多元化教学模式应用探究

一、高校篮球课程教学中翻转课堂模式的应用探究

（一）翻转课堂的定义

翻转课堂又称"颠倒课堂"，教学领域的学者将翻转课堂定义为学生在课前观看教师提前录制好的课程资料和资源，如教学技术动作视频、课程 PPT 等，课中进行成果展示，并与教师进行互动交流，提出对技术动作的疑问和猜想。翻转课堂是师生共同完成知识内化的一种新型教学模式。此模式能够提高学生自主学习能力，还能够增加学生与教师之间的沟通交流。翻转课堂教学模式是一种新型教学模式，它与多种教学模式的理念相似，其用途在于使学生学习的内容更加生动和有趣，使学生的主体地位得到提升。在"互联网＋"教育背景下，第三方教育平台提供教育资源，学生可以随时随地登录教育平台进行学习。互联网的快速发展，衍生出了"翻转课堂"教学模式，它改变了原有传统的以印刷物为基础的课堂教学模式，从教师角色、课程模式以及教学评价等方面进行了一系列的革新。

（二）高校篮球课程教学中翻转课堂模式应用的优势分析

1. 体现学生主体地位

大部分高校的篮球课程教学中普遍存在诸多问题，要么以教师为中心，教师只管讲解示范，不管学生能否掌握，要么干脆"放羊"式教学，学生整堂课自由活动，教师不管不问，走向另一个极端。学生是学习活动的主体，是主动的发现者、探索者，学生是个体身心发展的主体，是国家未来的建设者，教育教学活动不应该只是以教师完成教学任务为目的，而应该以学生学会知识技能、掌握学习方法为目的。翻转课堂模式将课堂主动权交给学生自己，充分体现了学生的主体地位和教师的主导作用，让学生不仅学会知识技能，也学会学习方法，教师的作用不仅体现在一堂课中，更是为学生的学习生涯奠定基础。

2. 优化课程结构

讲解示范是体育教学的主要手段之一，也是体育教学中不可避免的过程和步骤。在高校篮球课堂上，学生运动天赋和技能水平参差不齐，因此讲解示范也成为绝大多数高校篮球教师的选择。篮球教师对学生需要学习的知识技能进行讲解示范，随后学生进行模仿练习，这一过程消耗了一节课的大部分时间，留给学生巩固练习和实践应用以及相互交流的时间就变得很有限，但运动技能的形成必然伴随着大量的练习与实践，学生如果想学好就势必要通过课余时间进行巩固练习，但实际上很少有学生能够做到，久而久之，学生的篮球学习兴趣和积极性下降，篮球课程教学的质量也无法提高。翻转课堂模式通过新媒体技术能够有效改善体育课程结构，将有限的课堂时间最大限度地用于提升学生知识技能水平上。

3. 提高技能学习效率

不同于传统教学模式的统一进度、统一讲授、统一练习，在翻转课堂模式下，学生学习自主权掌握在自己手里。学生可以根据自身学习进度自主调节学习内容，学习重点，对于已经掌握的知识技能减少不必要的学习时间，将重点放在尚未掌握或者较为生疏的内容上，同时对自己感兴趣的部分可以自主加强学习，减少无效学习的时间，大大提高了学习效率。

4. 拓展学习时间与空间

现阶段的教育方式主要以线下面对面教学为主，这就要求教师与学生必须统一时间、统一地点、集体授课，而翻转课堂教学模式则突破了传统教学模式对时间与空间的限制。在时间上，翻转课堂模式使学生一方面可以自主选择参与学习的时间，从而以更好的状态进行学习；另一方面让学生对于自我感觉薄弱的知识点和技术动作，自行增加学习时间进行巩固练习。在空间上，翻转课堂模式的线上学习决定了在拥有学习终端的前提下，学生的学习地点不受任何限制，大大拓宽了学生的学习空间，将学生的碎片化时间充分利用起来。另外，师生之间可以通过线上交流平台随时随地地进行交流与反馈，帮助学生更好地学习和理解知识。

5. 拓展学习资源

无论多么优秀的篮球教师，其教学理论终归只是一家之言，在篮球教学活动的方方面面，如技能水平、教学方法、表达能力、组织能力等，都有可能存在自身的短板。同时，我国高校众多，各个高校师资队伍中不乏水平良莠不齐的现象。翻转课堂模式打破了一人一师的限制，学生通过互联网享受全球顶级的教育资源，教师也能够合理避开自身短板，充分发挥自身的作用。

6. 培养终身体育意识

学校体育是终身体育的基础，学生时期也是个体有目的、有计划、系统、全面地锻炼身体，掌握运动知识、技能，培养体育运动习惯，形成体育意识的最关键时期。兴趣和爱好是学生积极参加体育活动的驱动力，翻转课堂模式区别于传统教学模式的灌输式教学，旨在培养学生的自主学习能力和学习兴趣，帮助学生树立自我体育意识，为终身体育打下坚实基础。

(三) 高校篮球课程教学中翻转课堂模式应用流程

1. 课前设计

在将翻转课堂教学模式运用到高校篮球课程教学的过程中，首要环节便是教师要引导学生对篮球知识、篮球技能进行深入学习。这一环节既是学生有效掌握教学内容的关键，也是学生对教学内容产生疑惑甚至质疑的前提。在这一前提下，教师可以在课堂中有针对性地、有重点地开展教学工作，进而提升篮球教学效率与教育成效。当然，学生所开展的深入学习，需要有一些学习资源作为支撑，在此方面，教师所制作的教学视频能够发挥出重要作用。也正是因为有课前教学视频的存在，促使翻转课堂教学模式的课前设计工作与传统教学模式的课前设计工作呈现出了明显差异。

具体而言，翻转课堂教学模式中的课前设计工作包括三项：

第一，确定教学内容是否适合使用翻转课堂教学模式开展教学活动。在高校篮球课程教学中，并非所有的内容都适合使用翻转课堂教学模式来开展教学，如果教师强行使用翻转课堂教学模式开展教学活动，则会适得其反。具体而言，学生的理解能力、身体素质等都具有一定差异，一些简单的、基础性的篮球教学内容没有必要使用教学视频来展现，而一些具有较大难度的篮球教学内容则又不能仅仅依靠教学视频来展现，由此可见，教师有必要从宏观上对篮球教学内容做出把控，根据学生的学习能力对篮球教学内容难易程度进行分级，对不同教学内容的重点与难点进行确定，从而做好教学规划工作，确定哪些教学内容使用翻转课堂教学模式开展教学，以及哪些教学内容使用传统课堂教学模式开展教学，从而通过多种教学模式、教学方法相结合，有效提升篮球教学效率。

第二，围绕教学内容制作教学视频。对于适用翻转课堂教学模式的教学内容，教师则需要制作教学视频以供学生开展自主学习。为了确保教学视频在学生深入学习中发挥出更大的助力作用，教师有必要对教学视频的长度以及内容进行合理安排。在视频长度方面，教师需要注意精简内容，将视频时间控制在 10 分钟以内，从而确保知识点能够在学生注意力集中的基础上得以呈现。在视频内容方面，教师既需要重视展现篮球教材中涉及的内容、对互联网中他人的教学视频进行借鉴，也需要重视在视频制作中遵循"三贴近"（贴近实际、贴近生活、贴近群众）原则，如教师可以依托学生熟知的民族体育活动，对篮球教学内容进行讲解，也可以将课堂互动中经常使用的话语渗透到视频当中，从而拉近学生与视频内容之间的距离，有效提升学生的学习效率。

第三，围绕教学内容设计学习任务。在依托翻转课堂教学模式开展篮球教学的过程中，教师不仅需要为学生提供学习资源，而且需要引导学生明确课前深入学习任务，确保学生能够有目的地开展自主学习，进而为教学目标的实现助力。例如，在篮球比赛规则的教学中，教师不仅需要使用视频对篮球规则进行呈现，而且要让学生掌握各类判罚方式，这一任务的设计能够促使学生理论素养建构与实践能力建构实现紧密结合，进而为学生篮球素养提升奠定良好的基础。

2. 课中实施

虽然学生在课前开展的深入学习对于学生完成知识建构与能力建构发挥着至关重要的作用，但是仅仅依赖学生自主开展深入学习还难以实现高校篮球课程的教学目标，为此，教师不仅需要重视提升学生深入学习成效，而且需要重视在学生深入学习中获取反馈信息，从而为课堂教学活动的开展提供依据。同时，在翻转课堂教学模式下的篮球教学中，教师需要重视、强化与学生之间的互动，引导学生在自主思考和合作探究中解决学习中面临的问题，并通过合理设计教学活动来提升教学过程中的吸引力。

具体而言，在高校篮球课程教学中应用翻转课堂教学模式，教师需做好以下工作：

首先，教师需要对教学中的深入学习过程进行归纳与反思。先学后教是翻转课堂教学模式的重要特点，也是翻转课堂教学模式的优势所在。学生在课前所开展的深入学习，能够为课堂教学提供大量的反馈信息，而关注这些反馈信息并围绕这些反馈信息开展课堂教学，能够有效帮助学生解决深入学习中面临的问题，进而更好地促使学生完成篮球知识与篮球能力的建构。具体而言，教师需要重视总结学生对教学内容的质疑点、关注学生普遍反映的难点，从而有依据地明确教学重点。同时，教师在围绕教学重点开展教学实践的过程中，既要重视保持教学工作的严谨性与规范性，也要重视提升教学工作的灵活性与趣味性，从而促使学生在轻松的教学氛围中消除质疑、突破难点。

其次，教师需要做好课堂活动设计。由于学生已经通过课前学习以及课堂中的归纳反思阶段对教学内容有了一定的掌握，因此，教师所设计的教学活动需要呈现出实践性与趣味性的特征，从而在吸引学生积极参与课堂活动的基础上提升学生的篮球运动能力。例如，教师可以依托角色扮演法开展篮球教学活动，通过引导学生扮演裁判长、边裁、场裁、教练员以及篮球运动员，促使学生对篮球运动规则、篮球运动技术进行实践。同时，教师需要引导学生通过角色互换来掌握不同角色所需要具备的篮球专业能力，并通过及时开展教学评价，确保学生了解自身篮球素养中存在的不足，促使学生明确自身篮球素养的发展方向。

最后，教师需要规避教学异化现象。在翻转课堂教学模式中，教师要尊重学生的主体地位，重视发挥学生在知识建构中的主观能动性，然而，这虽然是现代教育理念所强调的内容，但是却存在过度弱化教师作用的异化风险。为了规避教学中容易出现的异化现象，教师要在视频制作、课堂教学中与学生开展频繁互动，在监督学生学习的过程中开展有效的指导。同时，教师要充分发挥出自身的主导作用，特别要做好学习资源推荐工作，引导学生掌握正确的学习方法、养成良好的学习习惯。另外，从高校师资建设角度来看，高校有必要构建完善的激励机制，激发教师在篮球教学中探索翻转课堂教学模式运用策略，避免教学异化现象，从而确保翻转课堂教学模式在篮球教学中展现出自身的优势与价值。

3. 课后巩固

教师不仅需要强化学生的自主学习意识，而且需要重视引导学生在课堂教学之后，对自身所掌握的篮球理论知识、篮球运动技能等做进一步的巩固。具体而言，课后巩固工作的开展，对学生以及教师都提出了一些要求。从学生角度来看，学生积极开展课后巩固工作，建立在学生重视篮球教学以及对篮球运动抱有较高兴趣的基础之上。同时，师生之间良好的互动关系，是确保学生能够积极请教教师、确保自身面临的难点得以突破的重要前提。而从教师角度来看，如何有效提升学生对篮球教学的重视程度、喜爱程度，如何构建良好的师生互动关系，等等，是引导学生在开展课后巩固工作过程中需要解决的重要问题。另外，教师还应开展课后总结工作与课后反思工作，从而探索篮球教学持续优化的路径。

二、高校篮球课程教学中俱乐部教学模式的应用探究

(一) 高校篮球俱乐部教学模式的定义

高校篮球俱乐部教学模式就是指以俱乐部形式组织高校篮球教学活动，这种教学模式能够有效突出学生在教学活动中的主体地位，从而调动学生的学习积极性和学习热情，激发学生的学习兴趣，提升篮球教学质量和效率。这种教学模式是当前有效的体育教学模式之一，它改变了传统的教师讲授、示范，学生被动接受练习的教学模式。教师在采用这种模式进行高校篮球教学时，可以让学生自主选择上课时间、学习内容以及任课教师等，根据学生的学习兴趣以及学习意愿安排教学工作，使篮球教学活动能够最大限度地满足学生的学习意愿。同时，在构建篮球俱乐部教学模式时，高校应建立健全篮球俱乐部教学组织部门，对篮球教学活动进行全方位、多层次的管理，协调篮球教学活动。在教学时，教师可以将篮球教学的课内活动、课外活动结合起来，还可以组织相应的篮球竞赛，以提高学生的学习兴趣，强化学生的学习质量。在教学过程中，教师采用现代化的教育技术手段进行课程考核和评价，使课程评价更加合理，促进学生全面发展。

(二) 高校篮球课程教学中应用俱乐部教学模式的优势

1. 教学组织层次更加清晰

学生被动接受并按照教师的要求进行练习的方式，其教学组织层次不够合理，相比较而言，采用篮球俱乐部教学模式进行篮球教学时，其教学层次更加清晰。在构建篮球俱乐部教学模式时，高校也会成立相应的篮球俱乐部教学组织部门，包括教学管理部门、活动组织部门等，这些部门能够对篮球教学活动进行协调，使得篮球教学的组织层次更加清晰。这种篮球教学组织模式能够有效保障篮球教学活动的正常开展，将课内教学与课外教学活动结合起来并组织有效的篮球竞赛活动，促进篮球教学质量的提升。同时，相关部门通过对篮球各种教学活动的有效管理，能够促进篮球运动的专业化发展。

2. 教学运作模式更加灵活

在篮球俱乐部教学模式中，学生不仅可以自主选课，还可以自主选择授课教师并参与授课内容的制定，选择感兴趣的篮球知识进行有针对性的

学习。这种教学模式兼顾了学生的学习意愿以及对知识的接受能力。相应的教学组织管理部门根据学生的自主选课，可以对学生的选课数据进行收集、整理和分析，从而了解学生的兴趣和爱好。在此基础上，组织管理部门可以开展符合学生兴趣和需求的篮球活动，激发学生的参与热情，使学生在学习过程中能够充分发挥自身的主观能动性，从而提高学习质量和效率。

3. 教学评估方式更加合理

篮球俱乐部教学模式的评估方式合理，能够在教学活动中对学生的篮球技术以及学习情况进行科学、合理的评价：一方面，可以对学生的篮球技术进行全方位的评价。在教学时，相应教学组织部门可以根据学生的兴趣以及意愿开展各种篮球竞赛活动，在活动开展过程中，可以针对学生在竞赛中的表现对学生篮球技术进行全面评价。另一方面，可以对学生的学习状况进行合理评价。在日常教学过程中，教师可以采用课内教学与课外活动相结合的教学方式，对学生学习情况进行科学合理的检测，以保障教学评价的合理性。教师通过对学生在竞赛中表现情况的分析，可以总结出学生每一阶段的学习情况，保证了学习评价的合理性。

(三) 在高校篮球课程教学中应用俱乐部教学模式的策略

1. 合理设置篮球俱乐部机构

学校相关部门应对篮球俱乐部进行深入调查、了解，根据其实际状况及学校的教学要求，合理设置俱乐部内部机构。篮球俱乐部机构设置不宜太少，因为机构太少会使各个机构的任务比较繁多，负荷较重，从而导致办事效率低下，无法及时为大学生处理相关问题；机构也不宜设置得过于繁杂，这样会使工作人员过于庞大，不利于对其进行有效监管。因此，在机构设置上，学校相关部门应引起重视，合理设置篮球俱乐部的内部机构，推动篮球俱乐部工作的顺利进行。

2. 合理构建篮球俱乐部教学组织体制

合理构建篮球俱乐部教学组织体制是篮球教学模式的一个新方向，是新的教学整改模式，是正确实施篮球教学的重要保障。这种体制也应当结合篮球教学反馈情况，不断地进行更正与完善。学校要根据高校篮球俱乐部发展的实际情况逐渐完善各项机制，对大学生的执行情况进行严格检查。在俱乐部内，指导员与大学生一起进行活动前的热身，共同讨论赛季计划，根据每名大学生的具体情况进行辅助教学，增加体能测试，监督大学生的学习情况；协调各种活动开始的时间及教学内容，避免出现教学时间相冲突的情况；做好俱乐部会员的管理工作，因为俱乐部会员并没有按照所在院系、专业以及班级进行分类，因此应建立新的档案，方便管理。另外，教师应提高教学组织的管理质量，丰富教学内容，以满足不同层次大学生的学习需求，最为重要的是，构建科学、合理的考核评价体系，确保能够对大学生的综合素质作出科学、合理的评判，便于大学生对自我形成清晰的认知。

3. 提升教师综合能力

篮球俱乐部教学模式对教师的综合能力有着较高的要求。如果教师不进行改变，那么这种教学方式的变化无异于新瓶装旧酒，毫无作用，甚至有可能导致教学效果越来越差。因此，学校应积极探索各种方式，提升篮球教师的综合素质，使篮球教师的能力跟得上时代的发展，满足时代的要求。例如，学校可以组织篮球教师共同学习篮球俱乐部教学模式的相关理念和具体工作流程，使篮球教师对这一教学模式有更深的理解，从而将其不断内化成有自己特色的教学模式。另外，学校还要重视对篮球教师实践能力的培养。因为在篮球俱乐部教学模式中，篮球教师不仅需要进行理论知识的讲解，还要向大学生示范相关技术动作以及指导大学生的技术动作，这就要求篮球教师的实践能力必须过关。总之，通过学校的培养，篮球教师各方面的能力定会有所提高，篮球俱乐部的教学工作也会完成得更好。

4. 举办多样化的篮球活动

多样化的活动不仅能够推动大学生之间情感的交流，还能通过竞争督促大学生不断提高自己的综合能力。因此，学校应举办多样化的篮球俱乐部活动，将大学生从每天紧张的学习中解放出来，让他们在这些活动中释放压力，展现自我。例如，学校可定期由篮球俱乐部举办篮球赛，以班为单位让大学生参加，同时设置一些奖励，鼓励大学生踊跃参加。大学生在比赛中可以发现自己的不足，学习他人的优点，进而不断提升自己的实力。依托篮球俱乐部举办篮球赛无疑是最能体现篮球魅力的方式，通过篮球比赛也可以吸引更多的大学生投入篮球运动，从而不断壮大篮球俱乐部的队伍。

5. 完善基础设施建设

在运用篮球俱乐部教学模式开展相应的教学工作时，学校应大力完善体育基础设施建设。学校要积极引进先进的体育器材，建设篮球俱乐部教学场馆，为篮球俱乐部教学模式的正常开展提供基础保障。只有加大学校篮球俱乐部的基础设施建设，才能够保障各种教学方式的正常开展。学校还应强化对基础设施的维护和管理，及时在俱乐部教学实践中给予资金支持，定期对篮球场地设施进行检查，做好对体育器材的使用和存放管理，及时消除安全隐患并防止体育器材的损坏，确保每块篮球场地都可以正常使用。

第六章　高校篮球课程教学环境的优化与探究

第一节　高校篮球课程教学环境概述

体育教学环境基本上可以分为体育教学的物质环境和心理环境两大类。体育教学的物质环境包括运动设施环境、自然环境、时空环境。体育教学的心理环境包括人际心理环境、组织环境、情感环境、文化心理环境。同体育教学环境一样，高校篮球课程教学环境主要由物质环境和心理环境组成，物质环境包括自然与教学设施环境、时空环境、资料信息环境，心理环境包括人际环境、组织环境和情感环境。

一、高校篮球课程教学的物质环境

(一) 自然与教学设施环境

1. 自然环境

自然环境是人类所不能改变的。在良好的自然环境下教学（如清新的空气、整洁场地、广阔的空间），学生心情愉快、学习认真、精力集中，能较快地掌握动作，提高学习效率。在恶劣的自然环境下，则相反。例如，炎热的天气易使人口渴、疲劳、中暑；严寒天气使人体的肌肉黏滞性加大，运动能力受到影响，韧带、肌肉容易受伤。

2. 教学设施环境

教学设施是教学活动赖以进行的物质基础和前提。作为教学环境的重要组成部分，教学设施不仅通过自身的完善程度影响着教学活动的内容和水平，而且以自身的一些外部特征给师生以不同的影响。教学设施环境包括体育教学场所和教学设备。体育教学的场所包括室内和室外教学场所以及这些场地的环境，如阳光、空气、树木、草坪等。教学场所的布置与建设除要考虑学校整体的布局外，其位置、方向、采光、通风、颜色、声音、温度以及建筑材料等都必须符合运动和学生身心的特点以及安全、卫生与审美的要求。例如，体育馆的墙面和体育场地的地面颜色一般采用比较温暖的颜色，如柔和的颜色等暖色调可以使人在视觉上和情感上的兴趣趋向外界，可提高中枢神经的兴奋性。体育教学场所又是整个学校校园环境的重要组成部分，蕴藏着极为丰富的文化内涵，应是学校最亮丽的风景和最吸引学生的地方。体育教学设备主要有两大类：一类是常规性设备，如课桌椅、实验仪器、图书资料、电化教学设备等；另一类是体育器材设备，如篮球等。这些设备是开展体育教学活动的必备条件，对完成篮球教学的任务起着重要的作用。

（二）时空环境

篮球教学是在一定的时间和空间环境中进行的，时空环境的好坏直接影响着教学的效果。时空环境包括班级规模、教学有效时间和队形编排等。

1. 班级规模

班级规模是指某一特定班级或教学单位所能容纳的学生人数。由于学生的身体素质参差不齐，班级规模的大小将直接影响学生参与课堂活动的机会和程度，进而影响学生的学习效果。在班级规模较小的环境里，学生都在教师的视野、交流范围之内，因此，教师能较多地注意到每个学生的学习，便于纠正每个学生的动作，能够充分施展才华，调动教学积极性，使课堂教学愉快、活跃，减少学生分心的机会；学生能积极参与并与教师及其他同学开展正常的交往活动，在活动中互相纠正、指导动作，讨论、交流动作要领，学生学习兴趣浓厚。在一个大型班级中，由于学生人数众多，他们每个人与教师交流的机会便相对较少，只有一部分学生能参与正常的课堂活动，这加大了教师教学组织工作的难度，影响学生学习的效率，不利于教师因材施教，满足不了学生的不同需要。

2. 教学有效时间

教学有效时间是课堂教学中一种很重要的因素，它包括教师教的时间和学生学的时间。教师能否科学、合理地安排好教与学的时间，直接影响着学生的学习效果。篮球是有别于其他学科的一种身体活动课程。在篮球教学过程中，学生的学习注意力会随着身体状况的变化而变化。因此，教师讲授时间也应有一定的变化，应在学生积极性强、注意力集中、运动能力强时进行讲授新内容，而且应避免讲授时间过长而造成学生疲劳、注意力不集中，从而影响学生学习效率，一节课应有张有弛、动静结合、合理得当。

3. 队形编排

篮球课堂教学中的队形编排，反映了篮球教师与学生的空间位置关系，它直接影响着篮球教师与学生的交流与互动，并对学生的学习动机、课堂学习行为甚至篮球课成绩都会造成一定程度的影响。队形编排主要有长方形编排、圆形编排、马蹄形编排等方式，这些不同的编排方式具有不同的空间特点和功能。

(三) 资料信息环境

随着大众媒体的迅猛发展，各种篮球相关信息通过广播、电视、书籍、报刊和网络等媒介涌入学校，师生获取知识信息的渠道多种多样，以往通过教学活动和教材书籍等获取知识信息的渠道不再占据主导地位。资料信息主要以相关篮球文字资料、相关篮球影音资料和媒介传播的篮球资讯三种形式存在。文字性资料比较枯燥，有些关键技术环节写得比较笼统，使学生很难理解。因此学生更喜欢通过观看影音资料的方式进行学习，便于学生有选择性地学习。同时，各种媒体传播的信息比较新颖、丰富、详尽，也更为直观，这是传统教学所不能达到的。因此，创建一个良好的资料信息环境是优化高校篮球教学的一项重要内容。

二、高校篮球课程教学的心理环境

(一) 人际环境

人际环境是指教学中的人际关系状况，即人们在交往中所形成的人与人之间的心理关系。篮球教学中的人际关系主要包括两个方面：一是篮球教师与学生之间的关系，二是学生与学生之间的关系。这些关系又促成了篮球教学中的人际互动，直接影响着篮球课堂教学的氛围、篮球教学反馈以及学生的课堂参与程度和积极性，进而影响篮球教学的效果。

(二) 组织环境

组织环境包括高校体育传统与风气和班集体学习风气等。从心理机制来看，组织环境是以心理氛围的形式出现的并从心理上制约着学生的行为，这种制约是通过群体规范、舆论和内聚力这样一些无形力量来实现的。

1. 体育传统与风气

学校体育传统与风气是指高校在体育方面养成并流行的带有普遍性、重复出现和相对稳定的一种集体行为风尚，它是校风的有机组成部分。良好的高校体育传统与风气会潜移默化地对学生产生影响，对形成学生正确的体育态度、兴趣、爱好，养成良好的体育锻炼习惯以及提高学生的体育文化素养等方面都有着非常重要的作用。

2. 班集体学习风气

班风是指班级所有成员在长期交往中形成的一种共同心理倾向。班风一经形成，就具有情感上的吸引力，班级的共同目标会成为每个成员的行动目标，使之自觉地朝这个目标努力，从而在良好的合作与交往的环境中发展学生共同的价值观念，更好地促进学习活动的开展。良好的班风主要是指尊师爱友、勤奋学习、关心集体、遵守纪律等。

（三）情感环境

情感环境是指在班集体课堂教学过程中形成的一种情绪情感状态。它包括课堂教学氛围和教师期望等。

1. 课堂教学氛围

课堂教学氛围作为课堂教学过程中师生集体的情绪倾向，它包括师生的心境、态度、情绪波动，师生间的相互关系等。它一旦产生，便能作为一种相对独立的心理环境因素，反过来作用于学生的课堂学习行为，并影响整个课堂教学的实际效果。教学课堂氛围分为三种类型：支持型、中立型和防卫型。支持型——积极、健康的氛围使学生身心愉快地去体验运动的乐趣；中立型——课堂看起来有序，但学生缺乏热情；防卫型——消极、沉闷的氛围使学生厌恶上课。积极的课堂教学氛围有利于体育教师和学生之间的信息和情感交流，能最大限度地引发和调动学生学习的积极性和自觉性，并且有利于学生树立克服困难的勇气和信心。

2. 教师期望

教师期望是教师在对学生的知觉感受基础上产生的，对学生行为结果的某种预测性认知。教师期望存在两种效应：其正效应是"教师真实的爱将导致学生的智力、情感、个性的顺利成长"，负效应正好相反。这就是所谓的"自我实现的预言"，即一个人往往会复演出另一个人的期待，不管这种期待是积极的，还是消极的。学生在学习的过程中一旦感知到教师对自己寄予高期望，他们在困难的任务中就会表现出坚持不懈的精神，并且比起被教师给予低期望的学生他们将选择更具有挑战性的任务，有较高的自我效能感，对自己的学习充满信心。

第二节　高校篮球课程教学环境的影响与优化探究

一、高校篮球课程教学环境的影响

（一）教学环境对学生学习动机的影响

学习动机是直接推动学生进行学习活动的内部心理动力。它表现为学习的需要、意向、愿望或兴趣等。在教学中，学习动机对学生学习过程和学业成绩有着重要影响。学习动机越强烈，学生学习的积极性、主动性也越强烈，因而学习效果也越好。教育心理学的研究表明，学习动机的激发与维持主要是在学习情境中实现的。在特定的条件下，教学环境中的各种环境因素都可能成为影响学生学习动机的诱因。例如，活跃的课堂气氛、教师的高期望、良好的师生人际关系、良好的校园风气与环境等都有助于学习动机的激发。以课堂氛围为例，它是由班级中师生、学生之间互动产生的，一旦形成，就会影响学生的态度、行为及学习效果。生动活泼、积极主动的课堂教学氛围具有很强的感染力，它易于营造一种具有感染性的催人向上的教育情境，使学生从中受到感化和熏陶，从而激发出学生的无限激情，提高学生对学习活动的积极性。懒散沉闷、师生之间缺乏交流甚至严重对立的课堂氛围则会抑制学生学习热情，降低学生的学习兴趣，严重时可导致学生产生厌学情绪。

（二）教学环境对学生课堂行为的影响

课堂行为是学生学习过程中认知、情绪的外在表现，在一定程度上影响着学生的学习成绩。心理学家曾提出的关于行为的研究，揭示了人的行为与环境之间的内在的联系。在随后的教学环境相关研究中，研究者进一步发现，各种具体的教学环境因素对学生课堂行为产生直接或间接的影响，不同的教学环境将导致不同的课堂行为。

在平时的篮球课程教学过程中，教师会发现，教学环境的物质因素，如教学场所的光线、温度、班级人数等对学生的课堂行为有着不同程度影响。

以自然条件为例，由于篮球课程教学多数是在室外条件下进行的，自然条件是影响篮球课教学的重要因素之一。在冷热环境中的人体机能表现是不一样的，这导致人的行为也不同。在热环境中，人会感到口渴、易疲劳、易中暑，学生容易产生精神不振、注意力不集中、头晕乏力、心情沉闷乃至出现攻击性行为等现象；在冷环境中，人的衣着厚重，人体的肌肉黏滞性加大，极大地影响运动能力，韧带、肌肉容易受伤，从而易导致学生懒散、练习积极性不高等一系列消极后果。

教学环境研究表明，班级规模是另一个影响学生行为的不可忽视的重要因素。班级规模主要是指一个班级内学生人数的多少。班级规模首先影响学生参与课堂练习的机会和程度。在面积一定的教学场地上，单位活动面积上学生越多，学生练习次数越受到限制，有些学生积极踊跃参与练习，有些学生只是充当观众，观看其他学生的练习，后者往往都是能力较差或性格内向的学生。另外，班级规模还影响学生在课堂上的纪律表现。在日常生活中，每个人都必须有自己的生存和活动空间，人与人之间都保持一定的空间距离，但单位面积人口密度过大时，个人空间距离受到侵占，噪声干扰太大，人的行为也随之发生变化。教学实践表明，人数少的班级，学生纪律往往比较好，教师用于控制课堂纪律的时间也少，而人数较多的班级，学生活动空间相对较小，往往易产生破坏课堂纪律的行为，教师用于控制课堂纪律的时间也较多。

（三）教学环境对学生学习成绩的影响

对教学环境的研究表明，环境温度、教师期望、师生关系、群体规范等都可以直接影响学生学习的成绩。

有一项关于教师期望与学生学习成绩关系的实验研究发现，教师期望比性别差异、种族差异对学生学习成绩的影响更大。在某种情况下，教师抱有高期待或低期待，会使同一水平上的学生的成绩出现浮动。

另一项研究表明，班级规模与学生的学业成绩也有着密切的关系，班级规模越小，学生学业成绩越高。同时，它对学生的学习动机、学习兴趣及创造力的培养有重要影响。在规模小的班级内，每个学生都有机会参与练习、讨论，师生之间、学生之间有较多的交流机会。不仅如此，他还认为教学环境中环境温度等对学生学习成绩也有不同程度的影响。

二、高校篮球课程教学环境的优化对策

（一）高校篮球课程心理环境的优化对策

1. 情感环境的优化——切实加强教师综合素质培养，营造和谐宽松的课堂氛围

（1）加强教师自身综合素质培养

优化情感环境应从篮球教师提高自身专业素质和业务素质出发。教师通过自身素质的提高，调动学生的学习情绪，从而帮助学生形成正确的学习态度。

教师是课堂教学的具体执行者和组织者。教师的教学行为对优化篮球课堂心理环境过程起着重要作用。在其作用下，可引发师生之间的相互影响以及学生之间学习互动，这种互动关系的结果就形成了建设性的、积极健康的篮球课堂心理氛围。加强教师自身综合素质的培养，可以影响学生的学习情绪和态度。首先，篮球教师要与时俱进，要实现角色、教育观、教学方式、教师与学生的关系等四个方面的转变，构建平等、交流、互动的和谐课堂教学环境。其次，篮球教师要端正态度，切实做好教书育人的工作，不断充实和提高自己，以适应不断变化和发展的篮球教学工作的需要。最后，在篮球教学中，教师举止文雅、语态文明、态度和蔼、衣着得体、精神饱满，可以给学生以美的享受，也容易在学生中树立较高的威信，甚至关系到篮球教学的成功。

（2）努力营造和谐宽松的课堂氛围

学生的学习应在一种和谐、宽松的课堂氛围中进行，在这种课堂氛围中学习，更能激发学生学习的积极性和主动性。因此，教师应摒弃单向信息传递、机械的教学、生硬的教态、枯燥而没有情感的语言、过多的纪律上的限制，通过师生角色互换、构建平等、和谐、融洽的师生关系、教学方法的优化组合等手段努力创造这种和谐、宽松的篮球课堂氛围，具体策略如下：

第一，主动发展策略。在课堂教学中，教师是课堂教学的主导者，学生才是主体。因此，教师要充分相信学生，尊重学生，充分调动和发挥学生学习的积极性，发挥学生的自身能动性和激发学生的创造性，使学生主动地、积极地学习和寻求发展。

第二，角色转换策略。在传统教学模式下，教师是信息的传达者和发出者，学生只是被动接受者，教师很难了解到学生的实际情况。而在课堂

教学中，师生角色的转换，会使教师充分、全面地了解学生的具体情况，便于教师采取相应的对策，对营造良好的课堂氛围具有重要的意义。

第三，情境教学策略。教师在教学中要通过创设各种情境，如民主情境、乐学情境、问题情境、成功情境等来激起学生的积极情感，引起学生参与的兴趣，激发学生的创造力，营造乐学氛围。

第四，教学方法的优化组合。教学方法是教师完成教学任务的必要条件，它是学生发展的重要促进因素和制约因素，直接关系到教学工作的成败、教学效率的高低。教学时必须根据教学目标、教学内容等采取不同的教学方法，即教无定法，篮球教学方法不能一成不变，要因人、因课、因境而异。"因人而异"，即因材施教，是根据学生的生理、心理、性别和群体间篮球能力的个体性差异，采用合适的教学方法进行教学。另外，"因人而异"受到教师自身知识、技术能力等因素的制约，因此教师应该注意扬己之长、避己之短。"因课而异"是指因体育教学内容而异，根据内容与形式的关系，在篮球教学中，不同的教学内容具有不同的教的形式、学的形式和媒体的使用形式等表现形式。"因境而异"是指篮球教学因场地、设施、环境和气候而异。要做到因人、因课、因境而异，篮球教师必须对现有各种教学方法仔细研究，熟知各种教学方法的异同。例如，在采用分层教学法时，教师在教学中根据各层次学生的体育素质的不同和个性化要求，对学生实施分层教学、分层练习、分层辅导、分层评价、分层矫正，以使各类学生的素质达到分层发展的目的。然而各种教学方法都有其自身的局限性，仅靠某种单一教学方法很难出色完成教学目标和任务。由于多种教育方法之间存在一定互补性，通过优化组合，可以弥补单一方法的不足，取得良好的教学效果。

2. 人际环境的优化——强化集体意识，培养团结合作精神，建立和谐的人际关系

由于篮球俱乐部教学模式打破了以往班级授课的局限，学生来自不同的专业、不同的班集体，客观上缩短了学生与学生之间的距离，使师生之间和学生之间的交往更加自由，也使人际关系显得更复杂，所以必须强化学生的集体意识，培养学生的团结合作精神，从而建立和谐的人际关系。形成和谐的人际关系主要取决于教师，教师应做到以下几点：首先，热爱学生、尊重学生、真诚地对待每个学生，做到一视同仁，不厚此薄彼；其次，注意保护学生的自尊心，对学生要有耐心，把握言语的分寸，避免伤害学生；最后，引导和鼓励学生之间的合作和交往，并注意采取适当的教学组织形式为学生之间的交往创造机会和氛围。

3. 组织环境的优化——构建良好的体育传统与风气

学校体育传统和风气是学校学习风气的重要组成部分，它以心理干预的方式影响着学生的学习态度、兴趣、爱好等。良好的体育传统和风气有助于提高教学效果和师生的体育文化素养，使学生养成良好的体育锻炼习惯。因此，构建良好的体育传统和风气是优化组织环境的重要手段。学校体育传统与风气的建设并非一朝一夕之事，这需要学校各方面不懈努力。

（1）争取和依靠领导的支持

凡是一些体育工作开展得较好，并形成良好体育传统与风气的学校，无一例外都是学校领导高度重视体育，并在认识上到位，在制度措施上落实较好。因此，要形成良好的学校体育传统与风气，形成良好的社会心理环境氛围，争取和依靠领导支持尤为关键。只有学校领导提高对体育教育的价值认识，树立正确的学校体育价值观，明确学校体育是一个多目标多功能的系统，才能保障学校体育传统与风气的形成。

（2）加强舆论宣传，培养学生参与篮球运动的自觉性

学校加大篮球相关信息传播力度，营造一种舆论氛围，以培养、强化学生的自我意识，使之形成一种自觉的、内在的驱动力，促进学生锻炼习惯的形成。在篮球教学实践中，教师可通过黑板报、橱窗、墙报、广播、电视录像等渠道，以及举办体育节、体育周，进行篮球知识讲座，组织观摩篮球比赛，篮球知识竞赛，篮球图片资料展览等方法使学生了解篮球运动、认识篮球运动的价值直到养成乐于参与篮球运动的习惯，真正把篮球运动作为生活的一部分。

（二）高校篮球课程物质环境的优化对策

1. 时空环境的优化——合理组织课堂教学

（1）合理分配课堂教学时间

课堂教学过程包括教师教的过程和学生学的过程，要想取得良好的教学效果，教师必须科学、合理地分配课堂教与学的时间。如何分配教学时间？由于课堂教学受周边环境的影响，学生的注意力不能长时间集中，教师在讲解动作方法、练习方法和要求时应做到言简意赅、通俗易懂，尽量减少传达知识、信息的时间，留有充足的时间供学生去学习、练习，充分发挥学生的主动性和探索知识的欲望。由于学校组织的各种篮球竞赛较少，许多学生不能参加，教师在课堂教学中应预留一定的教学比赛时间，给每个学生提供一个展示才能的机会。

（2）严格控制班级规模

学校应根据硬件条件和师资，以保障教学效果、培养人才为前提，严格控制班级规模。学校应适当增加篮球选修课授课时数，有效减少篮球选修课平均人数，保证篮球选修课的教学质量。

（3）合理安排队列、队形

课堂人数的多少直接影响着队形的编排，而队形的编排从多方面影响着师生活动。从课堂信息交流来说，队形的编排直接影响着信息交流的方式和交流的范围。例如，传统的横排，受班级规模的大小和外界干扰因素影响较大。班级人数较多，再加上外界噪声等因素影响，教师不能照顾到每一个学生。因此，教师应根据学生人数多少、教学内容等采取不同的队列、队形教学，以利于信息的交流。例如，"U"形队形，这种队形利于信息的多向交流，可以在纠正错误动作时采用。

2. 自然与设施环境的优化——加大篮球物质设施建设，创造良好教学环境

体育物质环境的好坏，对体育教学活动的开展和教学效果有着重要的影响，特别是在目前高校扩招的情况下，学校体育要根据教学的规模和学生人数，尽可能地增加投入，提供充足、优良的场地器材，以保证教学的质量。由于地理位置和季节气候等不可改变的自然因素的影响，学校应多方筹集资金，加大篮球场馆的建设，保障篮球选修课教学的顺利进行。场馆的建设和美化一定要符合学生身心发展的特点和教学基本规律，体育场馆的建设布局要合理、空气要流通、光线要明亮，各类器材应摆放合理。户外体育场地周围应尽量多种树和草，因为绿色植物不仅能够净化空气，还能减少噪声污染，并起到遮挡强烈阳光、散热及挡风的作用，从而为师生创造一个良好的自然环境。

教学环境的优劣直接影响着学生的学习成绩、学习行为、学习动机等。良好的篮球课程教学环境，能有效地激发学生的学习积极性，变被动的学习为主动的学习和探索，活跃了课堂气氛，使教学效果明显提高。

第七章 高校篮球课程教学评价的优化与探究

第一节 高校篮球课程教学评价概述

一、教学评价内涵

在《辞海》中，评价"泛指衡量人物或事物的价值"，因此，评价从本质上可以说是对价值的判断过程，是"有关某个客体针对某个主体有无价值，具有何种价值、具有多大价值的判断"。可以说，价值判断是评价的核心和关键，当我们对人物或事物进行评价时，实质上是在对这一人物或事物是否满足主体需要的特性进行判断。价值判断要建立在某些准则和价值标准之上，这是评价的依据。价值标准是什么则由评价主体来决定，由评价主体从人的需要出发去理解事物对主体本身的意义。站在认识论立场上，评价是人类发起的特殊化认识活动，是围绕世界价值的揭示以及价值世界的构建为中心的认识活动。评价作为认识反映形式，具有特殊性，其特殊性主要通过其反映对象表现出来。

整个世界都是认识的对象，但其中只有处于客观世界、对人类有意义的部分才是评价对象，对比来看，认识对象包含范围更广，评价对象对主体需求及利益更加关注。我们发现，评价表现出极为突出的主观性，也包含某种客观色彩。评价是由主体发出的，同其直接相关，从某种意义上说，评价是主体在主观层面上作出的选择，因此必然会显示出主观性。但是，站在主体需求及利益角度来看，历史与现实必然会对主体有所规定，评价不可能超出这种规定而存在，此外，价值客体自身也是由规律束缚的，评价标准是历史及生活实践共同作用的产物，因而评价并非纯形式性的、抽象虚无的事物，而是有着独特的客观意义。

从评价内涵理解上分析可以得出如下结论：高校篮球教学的评价过程，即以高校篮球教学为对象实施价值判断的过程，是从高校篮球教学目标出发，凭借科学技术、评价方法，对篮球教学各方面信息进行收集整理，在此基础上科学、客观地衡量与判断高校篮球教学活动价值，旨在帮助高校篮球教学主体获得发展，使教学管理与决策具有更多的科学性指导。应当注意的是，高校篮球教学评价和一般意义上的篮球教学测验并不是相同的。篮球教学测验是以篮球教学效果为对象的测量过程，是借助数据量化的方式收集到的有关教学效果的客观性、事实性的描述与判断。篮球教学评价则是以教师与学生教学活动的效果与质量为对象的，是针对其在教学过程中对教育目标实现的帮助程度作出价值判断的。对二者进行对比发现，篮球教学评价包括篮球教学测验，然而其内涵范围远远超过篮球教学测验，师生的课上问答、课后作业完成与批改、教学笔记中的师生及生生互评等都是篮球教学评价的表现形式。

二、相关概念辨析

（一）评价、评定、评估

一般来说，评价即对事物本身价值作出的衡量；评定、评估则是指以人为对象实施的测定。进一步细分可以发现，同评定、评估相对比，评价既可以用来指人也可以用来指物，旨在针对某对象的价值作出必要判断，大都应用在抽象领域，其在教育科研领域是众多研究者与开发者的重要活动。评估、评定则大都应用于具体领域，大多数情况下是鉴别高校办学质量高低的手段。从这种意义上看，评价含有测验的含义，也具有测量意义。有关评价的第二种概念解释为"以学业成绩和目标一致性为对象的测定"。有关评价的解释也存在其他更为简单的定义，有的将评价等同于专业性判断，认为评价过程是对可能存在价值的事物进行判断的过程，或是对资料、数据的定性评价和定量评价过程。

（二）测量、考试、测验

在大多数情况下，这三个概念被应用于同一语义。也有部分测量学者从更加严谨的角度对三个概念做出了区分，提出了三者之间存在的区别。曾有学者指出："测量即以事物属性或特征为对象，人们通过某种方式做出的数量化确定，而测验与考试是实施测量的工具。"他认为，考试及测验不能实现对所预测全部行为领域的全部测量，仅能够测量被测验或参与考试过程中的部分行为状态。他还指出："考试和测验之间也有着不同之处，最主要的不同在于是否标准化，或是标准化程度的强弱。""考试是标准化程度偏弱或不存在标准的测量工具，与之相对，测验是有着一定的测量工具或标准化程度较强。"

以上叙述主要是站在狭义层面上谈论测量和测验之间的关系。若站在广义层面来看，测验主要指对标准化问题的考量，换而言之，即某人对某组标准化、系列性问题作出回答，从答案中能够获取这个人在某些特质上的某种被量化、数字化的数据。然而，测量概念则与之不同，在具备测验含义的同时，测量具有更宽泛的其他意义。这就意味着，在应用测验法对人的特质进行测量的同时，也能够用诸如实验、观察、等级评定等其他方法对人的特质进行测量，在条件允许的情况下，任何以量的形式实现信息获得的方法都可以被视为测量。应当明确的是，测量涉及分数获得但也与应用过程相关。

（三）测量与评价的关系

评价是通用术语，在人们的日常学习和生活、工作中出现得较为频繁。尽管如此，在针对评价含义认识上大部分人都比较模糊，尤其当评价被应用于教育领域时，这种现象更加明显。主要原因在于，在部分情境下，评价被视为测量同义词而使用，在开展成就测验过程中，授课教师或称之为成就"测量"，或称之为成就"评价"，大部分情况下少有人关注并分析区别两个不同概念的特殊含义。然而也有部分情况，即"评价"被作为同"测量"没有关系。在这种情况下，评价与测量的概念是不一致的，二者在使用方面也表现出了很大区别：评价是以学生行为为对象的定性描述，如行为做事记录法等；测量则与之相反，是以学生行为为对象的定量分析方法，如单元测验分数等。

从教育学观点出发，评价又经常被定义为学生的教育目标实现程度的系统性测定过程。具体而言，这一观点首先关注了评价的系统性、过程性属性，但是未能注意到非控制观察法在学生实现教学目标程度方面的潜在作用。评价的前提都假设为教学目标已经得到设定安排，如若没有提前明确目标，那么，要对学生学习发展程度作出判断显然是无法实现的。

事实上看，将评价同测量两个概念相比较，前者的综合性更为凸显。在这里评价可被定义成"确定学生实现教育目标程度的系统过程"。这一系统过程主要包括两方面——测量与非测量技术，定性描述学生行为变化，定量描述预期行为变化形成相关价值判断。因此，评价是一个复杂过程，它将学生的教学目标达成行为在定性与定量上进行了结合，并在这种结合性描述的基础上针对价值作出相关判断。测量仅仅是以学生行为为对象开展的定量描述，没有定性描述内容，也没有涉及针对行为的价值判断。换而言之，测量仅仅是评价过程的构成部分，评价能够不依靠测量而开展进行。

评价和测量的联系密不可分，但是二者在本质上仍然有着较大区别。主要表现在：从性质角度上分析，测量属于纯粹客观性的过程，测量强调的最重要标准是客观性，测量希望能够在最大限度上清除主观因素带来的影响。评价是以测量为基础进行的，但是评价高于描述层面，偶尔被应用于确定行为价值上。从本质上来看，"评价不具有纯粹的客观性，其同时具备客观、主观两方面的基本特性，其中，以现象为对象开展客观的检测、检验和表述，是评价的客观表现，从主体需求、目标出发并以主体需求、目标做标准开展评判则是评价的主观表现"。

三、高校篮球课程教学评价分类

评价标准不同，对高校篮球课程教学评价的分类也就千差万别，例如，以评价目的为标准，可以提出总结性、形成性和诊断性评价的分类；以参照系为标准，可以提出自我参照、目标参照以及常模参照评价的分类；以参与评价主体为标准，可以提出自我以及他人评价的分类。

（一）总结性评价、形成性评价、诊断性评价

以评价目的为标准，可以提出总结性评价、形成性评价和诊断性评价的分类。

1. 总结性评价

总结性评价即在篮球教学过程结束后以教学结果为对象开展的评价，总结性评价的主要目的在于有效评价篮球课程教学的目标与内容、方式与方法等。借助总结性评价，能够对高校篮球教学方案通过实践展示出的各个细节上的具体效果作出优劣评估，并在此基础上对课程计划整体成效有所了解，为科学适当的内容选择提供帮助。同时，总结性评价是教师得知教学效率高低的直观方式，能使篮球教师的教学管理有更多的参考。从学生角度来看，总结性评价能够展现出学生在篮球学习中取得的进步，从整体上对学生取得的学业成就做出价值判断，从侧面对学生能力做出证明，使其成为之后就业与人生发展的有力参考。

2. 形成性评价

在高校篮球课程教学中，形成性评价又被称为过程性评价，具有较强的阶段性，是在篮球教学过程中进行的。形成性评价的重点在于及时掌握

学生学习进程，关注教学过程中出现的问题，以便积极解决。篮球教学形成性评价的实施，能够帮助教师明确高校篮球教学计划优势以及不足之处，为灵活调整修改教学计划提供了有力的参考。教师通过形成性评价获取反馈意见并做出反复调节，推动课程和教学计划向着更适合的方向发展完善。实施形成性评价，教师能够对自己制订的教学目标、实施的教学方法等各方面教学活动的优势和不足之处有更加直观的了解，使教学工作的开展更富有针对性和方向性。

3.诊断性评价

诊断性评价具有预测性，大都是学期正式开始之前做出的评价。在高校篮球教学过程中，做出诊断性评价的目的是确定学生学习活动的开端，确保课程计划编制、教学方案设计等教学活动同学生发展需求和学生文化背景相适应，使教学更具针对性，为因材施教打下坚实基础。诊断性评价将学生不同发展需求作为中心，范围包括学生的技战术发展水平、篮球理论知识掌握程度、篮球学习中出现的主要问题以及不足之处等。诊断的目的在于推动学习，其作用发挥主要方式如下：诊断性评价能够对学生的准备程度做出判断，如对学生的文化背景、上一学习阶段积累的篮球理论知识与技能的数量和质量、心理发展程度与性格特点、身体健康状况等具体情况有所了解，为因材施教提供必要条件；通过科学判断、正确分析学生知识能力、实践技能、兴趣个性、情感态度等全方位特点，将学生分为若干层级，针对不同学生的不同特点和发展需求制订个性化的教学方案；通过诊断性评价还能够发现学生学习困难的原因，使学生的学习活动纠错有科学依据。

对于高校篮球课程教学来说，总结性评价的意义和重点在于其鉴定分层功能的发挥，具有判断被评价对象篮球能力的作用。与之相反，形成性评价和诊断性评价的重点在于教师与学生的长远发展以及课程体系的不断完善，以及对教学改善与提高发挥的作用。当前，我国高校篮球课程教学应将形成性评价和诊断性评价作为主导评价，将其贯彻到教学过程的始终。教师应当注重对多种方法的灵活应用，多渠道收集评价资料，对资料开展全面、深入、细致、科学的分析处理，利用反馈意见对教学实践的价值进行评价。举例来说，对在篮球知识学习与篮球技战术掌握上相对落后的学生为对象开展调查，在了解其学习、考试成绩的同时，还要对学生的学习态度和方法、生活环境、身体状况等多加注意，在全面了解的基础上找到其学习困难的原因，并进一步寻求问题的解决方法。

（二）自我参照评价、目标参照评价、常模参照评价

以参照系为标准，可以提出自我参照评价、目标参照评价以及常模参照评价的分类。

1. 自我参照评价

自我参照评价将评价者自身当作参照对象，结合个体差异与实际发展情况，横纵比对教学效果，发现其中的劣势和不足。自我参照评价从形式上可分为两种类型——纵向比较与横向比较。纵向比较发生在个体动态发展过程中，是对比评价对象的过去与现在，通过对比直观得出评价对象发展状态是处于进步中还是在不断退步中以及各自程度如何；横向比较，即对比评价对象的各个方面，如理论知识积累、技战术掌握运用、智力发展程度、情感态度价值观形成状况等，从不同侧面对评价对象整体特征及发展水平有所了解，发现其在各个方面的优势和缺陷。

自我参照评价从不同方面做出了较为全面的考虑，主要关注学生在篮球学习过程中的个性、差异性，以学生的成长发展作为标准开展客观性评价，能在很大限度上减轻评价对象的心理压力；同时，站在纵向与横向两个不同维度进行发展性的评价，能够关注评价对象自身发展的动态性、多元特性，这样，评价对象的发展就有了更加有效的、针对性更强的参考信息。

2. 目标参照评价

目标参照评价实施的前提是有理性、客观的参照标准，参照标准的制定必须经过评价对象同意，评价者参照此固定标准对评价对象实施评价。目标参照评价能够脱离评价对象所处环境的普遍状况影响，使其真实水平得到最大限度的客观反映，是一种绝对性评价。

在高校篮球课程教学中，目标参照评价被广泛应用到各个方面。举例来说，教师在通常情况下会根据教学目标进行单元知识或技能测验，用以判断学生在预期学习目标上的实现程度。在这里，学习目标就可以被视为有着"绝对性"的标尺，作为评价标准它具有一定的统一不变性，用这一标准统一衡量学生在某个学习阶段获得的学习结果，判断学生在知识与技能习得上是否达到了预期标准，或者在预期标准上的实现程度如何。

3. 常模参照评价

在高校篮球课程教学中，常模参照评价具有相对性。实施常模参照评价时，需要在评价对象的整体集合之中选择某一个或多个有着突出代表性

的评价对象，将其作为评价基准、常模参照，并同其他评价对象互相比较，用这种方式明确集合中评价对象的排名、地位。在通常情况下，智力测验、理论知识考试、标准化技能测验等都是常模参照评价的表现形式。以智力测验为例，将从大规模测试中获取的结果当作常模（标准）进行检测，参与测试的每个对象得到的分数都与此常模（标准）比较，通过比较结果判断学生在群体中的排名或相对位置。

对于高校篮球课程教学来说，常模参照评价将评价整体视作评价基准，这样评价对象就能够在性质相同的群体内开展动态化的比较参照，通过比较参照，评价对象对自身所处的相对位置就有了更加直观的认识，在情感层面就会产生竞争的精神动力，同时使其下一阶段的努力也有了明确方向。然而，受所在群体整体水平影响，评价结果很难真实客观地反映出评价对象的实际发展水平，可能存在客观标准降低，导致其盲目乐观；也可能存在客观标准提高，导致竞争压力巨大。无论哪种现象都可能给篮球教学带来消极影响，因此教师要灵活调控。

在篮球教学过程中，上述三类评价不是孤立存在的，三者之间并不相互排斥，篮球教学实践要关注对三者的结合使用。单从学生评价角度来看，高校学生正处于身心快速发展的人生阶段，普遍具有极强的可塑性，教师要重视这一阶段学生的发展特点，用辩证和发展的观点开展教育，充分重视学生在个性以及共性上的全面发展。对于表现相对偏差的学生，教师要对其点滴进步持鼓励赞扬态度。对于在某一学习阶段处于相对落后水平的学生，教师也要持鼓励态度，引导学生发掘自身优势，逐步感受积累、进步，最后获得成功的喜悦。总而言之，在高校篮球教学实践过程中，教师应当在实施常模参照评价、目标参照评价的基础上，注意关注自我参照评价的开展，坚持将学生个体作为主要评价标准，坚持正面的、积极鼓励性的评价。

（三）自我评价、他人评价

以参与评价主体为标准，可以分为自我评价及他人评价两类。

1. 自我评价

自我评价，即预先设定评价标准，按照此标准针对自身开展的客观评价。例如，篮球教师对自身教学思想理念、内容方法、情感态度、成效成果等方面做出的评价，学生对自身学习成绩成果、情感态度、方式方法等方面做出的评价，这两者都是自我评价的具体表现。因为评价者也是评价对象，这类评价又被称为内部评价。实施自我评价能够帮助评价者提高学习自信心，在情感层面产生成功欲望，篮球教师应鼓励学生积极开展自我评价，发现自身的差距和不足之处并做出针对性弥补。个体对自身情况的了解较之他人更加深刻，因此自我评价可以帮助参与者提高评价效度，此外，自我评价的实施有利于学生树立自我评价意识、强化自我评价能力，有助于学生进行自我教育、提高和完善。当然，自我评价也存在一定缺陷。没有外界参照系的支持，学生的自我评价难免会出现高估或低估的状况，导致用自我评价结果来明确取得的成绩与存在的问题这一过程产生一定误差。

2. 他人评价

他人评价由专家或同行实施，是依照既定标准开展的客观评价。举例来说，教学管理部门以篮球教学为对象开展的检查活动、督导评价，体育教育专家、其他篮球教师以某教师的教学工作为对象开展的评价，教师以学生学习为对象开展的评价，等等，都是他人评价。评价的实施者不包含评价对象自身，因此，他人评价又可称为外部评价。将他人评价和自我评价对比分析可以发现，他人评价相对来说客观性更强，真实度更高，可信性更加突出，他人评价的结果更有利于帮助被评价者发现成绩获得与问题存在的具体情况，同时，评价者与评价对象之间的经验总结、相互借鉴对学习更有帮助，能够促进二者共同提高。然而，他人评价组织工作十分烦琐，所需要的时间、精力更多。

在高校篮球课程教学评价实施过程中，除了发挥自我评价积极作用外，还必须关注教育专家、体育教师、其他受教学生的他人评价作用，使教学评价活动更加具体、客观，富有真实性，为学生的自我批评、自我发展提供更加科学有力的借鉴指导。

第二节　高校篮球课程教学评价的作用与步骤

一、高校篮球课程教学评价的作用

高校篮球课程教学评价表现出了诊断与反馈、记录成长、证明、定向、选择、激励和管理的作用。

（一）诊断与反馈的作用

篮球课程诊断作用对于高校篮球教学评价来说十分重要。这一作用在于对当前篮球教学和正处于开发或开设过程中的篮球教学中的问题以及问题背后隐藏的各种相关原因进行诊断。在高校篮球教学评价的诊断作用发挥过程中，无论是收集的各种信息、资料，还是教育专家得出的判断，都能够在一定程度上提高教学管理人员、课程开发人员判断的科学正确性和合理性。严格来说，无论篮球教学发生何种创新改革和变化发展，教学评价都是必不可少的，事实上，这种创新改革和变化发展正是教学评价的结果。

在具有诊断作用的同时，高校篮球课程教学评价的反馈功能同样不容忽视。教学评价提供了课程和教学过程中的各种信息，以此为参考的教育教学调整活动一定更加符合实际，其对教学方案的设计以及教学材料、工具的作用发挥都有很大帮助。

（二）记录成长的作用

高校篮球课程教学评价的应用具有较强的灵活性，关注不同种类、表现形式的评价方法与手段的应用，强调诸如学习档案建立等评价方法，强调评价要深入学生成长过程中。通过评价，学生的成长轨迹将被全面、清晰地记录下来，对于每个接受了评价的学生来说，教学评价为其日后的学习和生活提供了重要的借鉴资源，是一笔无价的财富。

（三）证明的作用

篮球课程教学评价具有证明的作用。通过教学评价，篮球教学活动的创新改革是否取得了预期成效，是否给学生发展带来了积极影响就有了直接的证明，凭借这一证明能够有效修订课程，及预测计划开展的课程的可实施性。

1. 课程修订

对高校篮球课程进行诊断能够发现教学过程中存在的各种问题与弊端，也能够使我们认识到，如若不做出针对性改进，不对篮球教学进行创新性改革可能给篮球教师、学生以及高校带来不良影响，显而易见，高校篮球教学评价对借助比较的方式推进课程修订有着重要作用。举例来说，针对学生控球能力、运球速度方面的考查，往往用全场往返直线运球的方式进行考核，将距离设定在两个短线之间，之后在篮球比赛观察中发现，利用四分之三场距离来开展考核同比赛实际情况更加契合，也更有利于同其他技术（例如运球至四分之三场衔接投篮或传球等）的相互衔接。由此可见，高校篮球的教学评价能够针对某一方面的突出优势，在对比的基础上发挥课程修订的作用，为篮球教学创新改革指明方向。

2. 课程需求预测

高校篮球教学评价能够使预测课程获得更加充足的信息资料支持。具体来说，高校篮球教学评价需要收集大量数据信息和资料，其中包含篮球教学的各种社会影响，同时，专家判断、相关意见也有利于课程决策者对社会、教师和学生的篮球教学需求做出预测。应当特别指出的是，课程需求的预测是以广泛调查为基础的，并非毫无根据地凭空臆想，因此，当前我国高校篮球教学改革应对教学评价的课程需求预测作用给予充分重视。

高校篮球课程教学的优化必须以客观、科学、有效的教学评价为基础，缺乏教学评价提供的切实反馈，教学创新就难以获得真正的进步。客观评价篮球教师的各种教学行为，能够对其所具备的知识体系与能力结构、学科教学科研潜力等做出一定程度的证明。客观评价学生的学习成果、能力表现等，能够有力地证明学生具备的知识理论水平、运动技术能力以及其他各方面的综合素养。上述各种证明能够为用人单位的招聘录用、学生的深造学习和发展等提供最基础的参考。

（四）定向的作用

教学评价与高校篮球教学目标紧密相连，教学评价结果对师生日常教学活动中的时间、精力分配有着直接影响，这就是教学评价定向功能的作用表现。举例来说，高校篮球期末考试是对学生在理论知识、战术技能等各方面掌握情况的评价，评价标准的重点也必然成为教师的教和学生的学的重点，这是当前我国篮球教学的实际状况。随着教学创新改革的深入，若对篮球教学评价体系做出调整与改进，使评价标准成为对素质教育和创新教育各种新要求的真实体现，则评价的定向功能同样能够被贯彻实施。在此评价标准引导下，教学将朝着有利于学生长远发展的方向展开，篮球教师的各种教学工作也将发生重点转移，将会更关注创新人才的培养。

（五）选择的作用

高校篮球课程教学评价的选择作用表现十分明显。评价结果能够直接展现出评价对象的差别，对于教师的教学方式方法、学生的学习方式方法，都能从评价结果中判断出其成效优劣，从而对表现相对突出的方式方法注重鼓励并推广应用，对表现相对落后的方式方法着重修改或视情况进行淘汰。优秀的评价都有突出的选择功能，有助于在群体中发现有突出优势的项目。当前，众多教育学专家、学者就"好课标准"问题进行了探讨，根据讨论结果就能够对优秀课程做出判断，并能直观分辨出课程的好与坏，在此标准上选出的优秀课程则能够为优秀教学方法的普及提供参考。

(六) 激励的作用

实施有效的高校篮球教学评价能够帮助评价者明确自身获得的学习成效和具备的能力，以此指导自己端正学习态度，完善不足之处，使学生都从主观层面上产生发展动力，在动力刺激下发挥更大的积极性。此外，若在评价反馈中发现自己与他人之间存在的差距，也会使被评价者产生奋起追赶的强烈内在动机，产生努力学习的欲望。

(七) 管理的作用

在目标管理与质量管理的重要教学环节，高校篮球课程教学评价具有不可忽视的作用，能够促使教学管理者建立科学且行之有效的指标体系，使高校教学管理部门对教学情况有切实、即时的掌握，为管理部门和篮球教师的教学管理策略改进提供重要参考信息。同时，高校篮球教学评价具有政策性工具的重要意义。在篮球课程教学评价的作用和支持下，教学管理部门能够以更加客观的方式在教学监督与管理上实现进一步强化，确保教学活动的开展是按照国家要求进行的，从而保证正确教学思想、方针的落实和贯彻。站在教学管理角度来看，同以往相比，评价不再是由管理层开展的随机活动，其存在意义也不局限于外在组织、个体的教学控制手段，当前的教学评价是保障教学过程科学健康发展的必要举措，是各方面教学参与者必须承担的职责。不可否认的是，教学评价的实施依然具有教学控制的作用，然而在当前的教学实践中，篮球课程教学评价被普遍应用于帮助教师与学生，使其能够对自身教学活动优缺点表现有所明确，评价意义更多表现在促使教学管理部门提高其决策水平和对教学效果的改善上。

二、高校篮球课程教学评价的步骤

高校篮球教师的相关教学活动是实现高校篮球课程教学计划的最主要途径，教学计划的最终实施效果则需要凭借学生发展进行判断，因此，可将高校篮球课程教学评价主要内容分为学生发展以及教师教学两部分。这两部分的评价在框架表现形式上大致相同，只是需要关注如下问题：什么是评价内容及评价标准？怎样进行评价工具设计？怎样对数据和证据进行收集分析？怎样对相关活动进行改进？

（一）学生发展

1. 明确评价内容、标准

对于高校篮球课程教学评价工作来说，第一个步骤就是必须明确评价内容、评价标准。从学生发展角度来看，优秀的评价在强调知识传授的同时，还必须重视使学生养成积极主动的学习态度，为基础知识学习、基本技能获得的过程赋予新的内容，使之同时成为培养自学能力、形成科学价值观的过程。因此，篮球课程教学评价绝不能只重视学生的学业成就，更要关注学生其他方面潜能的挖掘与培养，深入理解学生内在、长远的发展需求。有关学生发展的评价，其内容、标准的最终确定需要以学生发展目标为基础，将篮球教学的学习目标与一般性发展目标融合在一起。更进一步来说，学习目标要具体到篮球教学任务完成之后学生应当理解掌握的知识及技能上。一般性发展目标要具体到学生通过篮球学习需要掌握的篮球技能、思考推理技能、合作互助技能，以及拓展、融合、内化知识的技能以及个人社会责任等方面，立足于学生的全面、终身发展。

2. 确定评价工具

在确立教学评价内容、评价标准后，下一个步骤即确定评价工具。普遍来看，评价工具可以通过评价表的形式表现出来。

3. 对高校篮球课程教学数据证据进行收集分析

从学生发展评价角度来看，仅评价学生实践技能及理论知识成绩等远远不够，还必须评价并反映出学生的学习过程、情感态度。检测、观察、问卷及访谈等都是评价学生学习过程和结果的有效方式，也能够被应用于收集学生的篮球学习数据与其他学习行为表现、影像资料等方面。有了充足全面的数据储备，就能够为每个学生构建个人影像档案，根据实际需求采用不同表现形式对数据做汇总。以数据收集和汇总为基础，篮球教师就有充足的条件开展研究分析工作，通过科学分析学生学习情况得出相应报告，客观总结学生在当前情况下的学习与发展状况。需注意的是，分析过程必须关注如下问题：数据分析应分小组开展，避免参照对象水平过高或过低；要灵活运用多种测评手段，对得到的数据开展综合分析，保证学生发展状态能够被全面客观呈现；可以用科学方式开展数据的纵向分析及横向对比。

4. 明确学生发展改进要点

以针对学生学习情况而设计的分析报告为依据，教师能够明确学生的发展优势与存在的不足之处。以此为基础，教师可以对学生的学习行为改进提出要求，帮助学生调整学习计划，从而保证学生按照预定发展目标前进。

站在高校篮球教学角度上审视对学生发展的评价，我们必须着重注意如下问题：

第一，考试只是一种教学评价方法，教师必须将考试同其他教学评价方法结合起来，灵活运用；笔试只是一种考试形式，教师应当转变将考试作为唯一评价方式，适当降低对等级区分、量化的关注和强调，努力降低考试给学生造成的压力。

第二，篮球教师要做的是分析每个学生的考试结果，发现他们的进步和不足，而不能把考试成绩当作区分学生优劣的标准。

（二）教师教学

推动教师水平的不断提高是篮球课程教学评价的重点和目的。有关篮球教师的评价应关注教师自我评价积极作用的有效发挥，使教师发挥主观能动性，分析、反思自身教学行为。与此同时，要使专家、教师、家长、学生参与其中，构建起教师以自评为主，多方共同参与的综合评价制度，保证篮球教师信息获取渠道的多元化，促使教学水平不断提高。具体来说，可分为如下步骤。

1. 明确评价内容和评价标准

篮球教师是高校篮球课程教学的组织者与推动者，也是篮球课程的开发者与研究者。我们可以说，篮球教学的实施过程，也是篮球教师的课程研究及开发过程，有着极强的创造性。可见，作为高校篮球教师，应当在教学活动中积极发挥自身的创造性，在全面了解学生具体情况的前提下，深入研究学生，并以此为基础进行教学目标的设计，对课程资源进行筛选，组织开展教学活动。以教师教学为对象的评价应当包含如下内容：

（1）教学目标。篮球教师要对全体学生的思想进行引导培养，将学生培养成为有着缜密推理能力和高超学习能力的学习者，使其形成正确的思想观念、行为方式和社会价值观念。

（2）教学设计。教师要从学生发展需求出发合理制订教学方案。

（3）学习环境管理。教师要构建良好的学习环境并通过管理保证其作用的顺利实现，为师生的教学活动提供优秀的时空环境与各种资源。

（4）教学促进。教师要积极发挥引导作用，使学生感受到学习活动的乐趣，化难为易，化繁为简，化枯燥为有趣。

（5）学习活动评价。学校要以教师"教"与学生"学"为对象开展评价。

学校可根据本校实际情况总结概括各方面评价内容并提炼出相关评价标准。

2. 设计教学评价相关工具

通过分析教师教学评价内容、标准，可全面了解教师在教学中表现出的过人之处与不足。在一般情况下，可以通过评价表的设计直观地展现出来。

3. 对反映高校篮球教学的数据和证明进行收集与分析

诸如观察调查、旁听、测验、对教学资料和与教学相关的各种文件的检查等，都是当前我国高校在收集篮球教师教学活动数据和证明时常用的方式方法，各高校要根据自身情况灵活调整使用，保证数据客观真实、全面准确，保证能对教师教学活动中显示出的优势及不足准确地进行概括描述。

4. 使教师明确要改进的教学要点

多方面综合收集教师教学数据和证明并进行分析的目的在于使教师对其优势和不足有更直观的认识，能够扬长避短，在教学过程中发挥自身优势，并能够从自身不足出发，有针对性地改进、提高、完善教学计划。

在高校篮球教学中，开展教师教学评价的意义是为教师的教学行为反思提供参考。教师要注重从专家前辈、其他教师、学生与家长等多方面收集教学反馈数据与信息，分析并优化以提升教学水平。高校篮球教学的评价构建，要将对教师的激励与导向作为目标，推动篮球教师积极开展评价，将公平民主评价作为原则，尊重、强调教师在评价中的主体作用，使高校篮球教学的评价过程切实成为不断推动教师提高教学水平、教学能力的过程。

第三节　高校篮球课程教学评价现状及优化探究

一、高校篮球课程教学评价现状分析

（一）过度关注技能性目标，不够重视培养学生多元整体能力

教学目标的实现程度是许多高校教学评价的重要指标。但是，一些教师将这一重要的教学评价标准等同于运动技能目标的完成程度。在教学实

践中，一些教师将关注点落在了学生是否掌握篮球运动技能方面，相对疏忽了学生在整体上的素质能力发展。学生的多元化、整体性综合发展，远远不只是对篮球运动技能的掌握，其情感态度、思想认知、价值理念等也包含在内。篮球教师倘若将关注点局限在培养学生的运动技能方面，就会将大部分时间、精力放在运动技能的教学上，尽管能够获得较高的教学评价，却无意识地阻碍了学生在其他素质方面的发展，对学生素质的全面提高并无益处。我们要认识到，篮球教学是围绕学生开展的，必须具有生命力，要认识到学生在篮球课堂中是客观存在的鲜活主体，并非只能被动接受知识和技能灌输的机械体，篮球课堂要成为使学生的创新思想得到尽情舒展的成长空间，切忌用固定模式、僵化标准束缚学生。这种过度关注技能、强调技能的教学评价方式可能导致的直接后果，就是篮球教学课堂生命力的流失。

（二）过度重视对教师活动的评价

当前各高校普遍使用的篮球教学评价标准一般针对教师。举例来说，教学评价在内容上包括教学目标、内容方法、效果等指标，上述指标来自多年来篮球教育专家和教育工作者的经验总结，经过实践检验确定行之有效，有着起效迅速直接、操作简易等特点，然而从另一方面看，按照这种标准开展的教学评价存在着忽视学生活动评价的缺陷。篮球教师取得更好的评价成绩，自然会站在评价标准角度将关注点落在传授学生篮球知识与技能方面，从而忽视了学生的全面发展。当前，在我国高校，一部分篮球教师在改善教学过程中只关注教学目标的科学性、明确化，教学环节的落实到位以及教学过程评价指标在整体上的提升等，却未能真正关注学生的反馈意见，导致篮球教学内容同学生成长发展的教学需求之间的矛盾越发凸显，从长远来看，给学生全面发展造成了不小的阻碍。

（三）以同行评价为主，忽视多元化

当前在我国体育篮球教学的评价过程中，同行互相评价是最主要的方法，基本模式与以往相同，首先由作为评价对象的篮球教师进行个人总结，其次由同教研室其他教师开展群众评议，最后院系领导实施鉴定审批。按照这种模式开展的教学评价，考查重点并没有落在教学整体质量的高低上，体现的只是教师人际关系的好坏、为人处世能力水平的高低，有着极强的主观随意性，也在无形之中忽视了专家评价、学生评价。我们要认识到学生与专家的地位和作用，学生是篮球教学的主体，专家是篮球教学评价过程的重要参与者。篮球教学评价的主体理应是多元的，必须将同篮球教学相关的各方都容纳进来，使学生、教师、家长、专家以及社会机构等都成为篮球教学多元评价主体的组成部分，构建起长久有效的评价保障机制，使教学质量得到不断提升。

（四）对课程评价的重视不够

根据时代、教育发展趋势与学生发展需求，篮球教学评价应当成为多元化评价过程，要能够按照既定价值准则对教学成效做出科学准确的价值判断，要能够在篮球教学目标指导下，收集与篮球教学各方面相关的信息，要能够灵活应用科学性、多元性评价方法、评价技术，科学、客观地衡量和判定篮球教学活动价值。然而，通过调查不难发现，当前一些高校的篮球教学评价正在变成对教师的评价，篮球课堂教学作为真正的评价客体反而被忽视甚至遗忘。我们应当认识到，篮球课程教学首先应将学生需求作为价值主体，要时刻牢记教学的首要服务对象是学生，要站在人才培养角度，从学生能力培养需求出发，使教学评价标准得到明确。真正能够确定教学评价标准的不是教师或学校领导，而是学生。为学生服务的课堂教学才是真正有意义的课堂教学，只有针对课堂教学开展情况进行评价，才能真正推动教师教学能力的全面提高。

二、高校篮球课程教学评价的优化策略

对于高校篮球教学优化来说，评价上的优化是必不可少的内容。而高校篮球教学的评价创新应当通过评价方法、标准与主体的改变来共同实现。在高校篮球教学优化中，教学评价的优化是重要动力，针对当前社会及教育发展形势，要使高校篮球教学评价进行优化就意味着要将评价目的从单纯的篮球人才选拔与教师奖惩转变为全面提高教学质量，将师生共同发展作为重点；评价要从静态形式转变为动态过程，使教师和学生的双主体作用能够在评价中得到发挥。这种转变的实现，需要选择并实施诸多创新策略。

（一）发展性策略

要坚持高校篮球课程教学评价创新改革策略，首先强调的就是必须坚持发展性策略，要坚持以人为本的原则，关注师生整体人的属性，并站在这一角度重视教师和学生的发展，寻找教师和学生生活的世界同科学发展的世界之间的平衡，寻求能够使学生构建主体意识的最佳方式。

1. 构建起教师发展理念

以教师作为发起者的高校篮球教学，有着与其他一般任务的不同之处。构建篮球教师发展的理念，并不单指使教师在功利性层面、物质需求上获得满足，也不仅意味着使教师获得给予、付出后的情感满足。以教师发展为本，在重视上述两方面的同时，也不能忽视为教师创建个人展示空间，使教师能够自由地、有创造性地展开教学活动，通过这一方式谋求自身的长远发展与不断完善。我们要认识到，在高校篮球教学评价的创新改革过程中坚持将篮球教师的专业发展与精神提升作为导向，这是将篮球教学创新改革落到实处的重中之重。

站在目的角度上看，高校篮球课程教学评价应将目的导向转移到发展方面来，关注并使评价发挥其形成性功能。传统高校篮球教学评价的主要目的是奖惩、选拔、甄别，将评价对象在评价中的表现作为奖惩依据，过度关注实现学校和班级组织目标，反而忽视了个体目标的实现状况。高校篮球教学评价的优化要对当前篮球教师的工作表现、工作状态有所关注和了解，从学校基础以及篮球教师自身目标出发指导教师或为教师创造更好的进修条件，进一步提高篮球教师的教学工作能力，使其得到专业上的发展，同时借助篮球教师的发展来推动学校的进步，使篮球教师的专业发展同学校发展达成互相促进、协调进步的关系。站在篮球教师角度来看，同自身内部动机相对应，外界压力对篮球教师自身的推动作用明显偏弱，内部动机对篮球教师存在程度更深的激励作用。如何在收集充足教学反馈信息的前提下发挥篮球教师的积极能动作用，使其内部动机得到激发，将在很大程度上影响高校篮球教学水平和教学质量。由此可见，大力鼓励教师以更加积极主动、客观认真的态度参与篮球教学评价，获取有价值的信息，是十分必要的。

2. 以学论教，将学生发展作为评价核心

在高校篮球课程教学评价中，学生评价是重点。在"以人为本，以学生为本"要求的指导下，高校篮球教学评价必须是学生意愿、心声的体现，学生在课程质量高低问题上最具发言权。因此，有必要将学生评价落实到高校篮球课程教学评价过程的始终。高校篮球课程教学的创新改革应加强对学生的关注，关注学生作为独立个体的发展属性以及其展现出的各种不同特点。

在高校篮球课程教学中，学生是学习和评价主体，对于任何评价，无论是教师评价还是学生自身评价，都要以学生全面发展为中心，有关教学

工作的开展应当从客观实际出发，以学生个体差异为前提，相关评价要从情感、认知水平、技能、理论知识等多维度全方位进行展开。以学生为评价核心展开的高校篮球教学评价，应从单一转向多元，从简单的教师评价转为教师评价、学生互评、学生自评、外界评价等多种方式评价的有机结合，将学生从评价的被动接受者转变成为评价的主动参与者，如此，篮球教师的角色将发生巨大转变，将由占据绝对权威地位的"裁判"转变成为与学生共同参与学习活动的合作者与教练员。

3. 强调发展性评价导向作用

对大多数学生来说，高校篮球课程教学评价对其学习活动具有巨大影响。高校篮球教学评价的创新改革关注学生发展，强调将高校篮球教学评价对象视为有着完整性、个体性的，有情感血肉的真实的人，努力以客观、真实的评价途径推动学生更加全面、有效地综合发展；强调评价对因材施教实施的支持作用，从每个学生的个性化需求满足角度，对其特色发展过程做出客观评价，通过评价激发学生的自主学习意愿，让学生树立积极进取、坚持不懈的学习精神，为达到更高目标而奋进。高校篮球课程教学评价的优化，必须重视其积极反馈的功能，突出评价在促进高校篮球教学积极发展方面的各种作用。

（二）自我接受策略

当前高校篮球教学评价创新改革的重点之一在于其对教学评价过程中学生积极作用的关注与强调。自我接受的评价从本质上说是评价对象主观层面积极构建价值的过程，换而言之，评价结果应当能够产生自我价值，产生的价值必须来自于自我选择。

高校篮球教学的自我接受评价策略，根据对象的不同可划分成学生自我评价、教师自我评价两个部分。自我接受评价策略应当强调的方面如下：

首先是评价的互动性。自我接受策略要求评价对象主动参与，即评价对象不抗拒他人、外界针对自身开展评价，认为评价双方有必要开展互动，使评价者和评价对象能够建立紧密联系。在高校篮球课程教学中，评价内容标准、既定目标、评价的落实以及评价结果的处理等都需要双方互动合作最终确定。

其次是评价的个别性。评价创新改革的最终目的在于教学质量的改善和提高，重点在于帮助每个学生在学习活动中有所改进和完善，帮助每个篮球教师在教学方法上有所反思和发展。从这一方面来看，评价必须强调个别性，以每个教学参与者为单位进行评价，只有这样，才能真正从每个教师与学生内部需求出发，提供有价值的反馈、高效的支持。每个人都是有着独特性的个体，只有强调评价的个别性，评价对象才能主动接受评价。

再次，将自我接受作为教学进程的衡量标尺。高校篮球教学的推进有其自身标准，我们不能粗暴地以时间作为衡量标准，教师与学生应该根据标准自主决定下一个阶段的教学活动是否能够正式开展。而自我接受的价值在于使标准与师生相适应，而非迫使师生简单适应某一固定标准。

最后，自我接受必须建立在自我更新基础之上，不能一味固守既定的高校篮球教学标准不知变通。在教学实践过程中，根据教学实际展开情况不断调整并适当引入新评价标准有着很大的必要性。只有随时从其他主体给予的评价中分析总结出新的评价结果，才能保证评价对象能够站在不同角度发现自己的优势和不足，并根据新的发展目标对教学策略做出及时调整。

（三）标准生成策略

评价依据的价值标准具有系统性和多元性，对于高校篮球课程教学来说，评价标准问题的重要性不言而喻，其导向性功能在教学评价创新中有着核心作用。在评价指标体系的设计中，必须将指标的导向作用考虑在内，使其能够在高校篮球教学的创新中发挥出应有价值。

建立评价标准生成策略能够帮助评价对象对高校篮球教学的有效性、创新性有更加明确和清晰的认识，理解何种课堂才能被称为优质课堂。标准生成策略也逐渐被越来越多的教育研究者、决策者与实践者所重视。

1. 综合多方面学习理论构建评价指标体系

高校篮球课程教学评价中，具有教学时效性的观点与认知是篮球课程教学评价标准的首要来源。高校应从自身实际出发，提出各种学习理论并以此为基础制定相应标准。

行为主义持如下观点：学习以强化的方式使刺激同反应联系到一起，教育者的任务和目标是向学习者传授客观知识，学习者的任务和目标是被动接受知识并努力完成由教育者制定的目标。毫无疑问，上述篮球教学目标未能重视学生理解与心理变化发展的复杂过程，因而不被普遍认可。与之相比，认知主义更加关注和重视知识加工与学习理解的演变发展过程，认为在学习过程中学习者之前的认知结构有着重要意义。

教学目标在于指导学生开展具有实际意义和价值的学习活动。将这一理论运用到篮球教学中，学习的意义和价值不仅在于对高校篮球教学中的重要知识、技能、战术的充分掌握，而且在于理解上述知识和技战术背后隐藏的实质性内容，换言之，要对知识和技战术的概念事实、规则原理等有深刻理解。学习的接受必须关注意义性。高校篮球教学评价指标应关注教师是否对教学内容做出了科学合理的组织，给学生提供的材料应是有着组织性、顺序性和结论性的，教师要灵活运用不同的教学策略引导学生开展有意义、有价值的学习。

发现式学习，即教师并不直接向学生提供学习内容及结论等，而是为学生创建问题情境，教师担任学习促进者、引导者的角色，使学生在学习情境中自主发问，自主收集资料，探寻问题解决方式。建构主义作为认知主义的重要分支，关注点在学生主观认识方面，强调要构建能够刺激学生开展主动探索的问题情境。

从上述举例中可以看出，在评价侧重点方面，各评价理论持有的观点并不相同，然而不能否认的是，每种系统化的理论都有着独特的优势。我们应当站在当前时代背景下严谨思考，筛选并将多种理论有机整合起来，从高校整体角度确定评价标准，为评价创新打下坚实的理论基础。

2. 使高校篮球课程教学目标体系的评价标准得到不断完善

高校篮球教学评价有着宽广的范围，这一范围可划分为两部分：静态化篮球教学要素、多元动态化篮球教学环节。前者代指教学目的、内容与方法，后者代指以教学目的、内容及方法为中心开展的包括教师备课、师生上课、教师技术指导等在内的诸多环节。只有借助既定评价理念，从篮球教学目标出发，才能顺利生成评价标准。教师必须改变传统的评价标准，将重点从结果性目标适当转移到过程性行为目标上来，不断完善过程性行为目标的标准。

3. 使评价标准具有多元性、动态性和开放性

传统的篮球教学评价对教师的"教"过分关注，在高校篮球教学外显因素上强调较多，针对高校篮球教学的创新尝试偏少。过度重视"教"的每个环节，针对各环节都严格制定了相应标准，导致在具体的评价操作过程中主次难以区分，要点模糊不清，对于篮球教学的创新来说并没有益处。我们应当认识到，高校篮球教学评价过程的改革创新目标和高校篮球教学目标相同。教学评价过程应该根据时代和师生发展需求转变为一个多元化、动态性、开放性的过程。

（1）伴随教学发展，评价标准必须适当补充及丰富。高校篮球教学具

有空间开放性，其中包含三方面含义：首先，高校篮球教学不应该被束缚在篮球场地内，在当前情况下高校篮球教学有必要打破桎梏，向课外拓展，拓宽学生视野，同时能够使其接受更多形式的锻炼；其次，教学环境并非一成不变，室内摆设、各种器材设施也具有一定程度的动态性，应根据具体情况做出适当调整，创造有助于激发学生创新能力的教学环境，切忌一成不变；最后，要提供给学生充分的发展自由，使其有充足的自我发展空间，只有充分放松的心态和自由张扬的态度才能实现思维独立，只有在有着充足开放度的学习环境中，学生才能自主锻炼、施展所学。因此，高校篮球教学评价切忌僵化，不能将教学评价束缚在传统篮球教学空间内，而是要从大课堂背景出发创新构建多元化的评价标准；要摆脱来自教材与既定评价标准的限制，将已有评价作为基础而非终点，不能在评价过程中的某个点上停滞不前，要根据当前具体情况适时调整、补充教学评价标准，使篮球教学评价标准更加充实，更具科学性。

（2）教学评价主体要注重拓宽视野。教师、学生以及教学管理人员都是高校篮球教学评价的主体。身处多元文化的大环境中，若将评价标准局限在某一个角度，在评价过程中坚持以自我为中心，拒绝考虑来自其他评价主体的多方面意见，显然是与时代发展相背离的，通过这种方式得出的评价结果也无法真实、客观地表现出篮球教学的实际情况。

（3）高校篮球教学评价要加强与课外的联系。传统的高校篮球教学评价标准重点关注教师和学生在篮球教学中的学习行为和表现，忽视了两者在篮球课堂教学之外的其他发展状况，导致部分教师在课堂内为人师表，在生活中不思进取，部分学生在学校表现优秀，在学校外表现不好。根据当前教育发展形势、人才培养目标的变化，篮球教学评价应适当从课内延伸至课外，关注教师和学生的课外行为表现，将师生在日常生活中的表现也归入评价当中。

（4）高校篮球教学评价标准权重的调整。要使高校篮球教学评价具有多元性、动态性和开放性，不仅要对篮球教学评价标准做出创新调整，而且要对各项标准的权重做出适当改变。针对当前情况下的高校篮球教学创新改革，对教师和学生长远发展能够起到积极作用的各种指标都有必要适当增加权重。举例说明，可以减少对知识、技能传授量的评价权重，相应地在教师与学生的交往度、学生学习体验、学生思想品德培养、学生个性特长发展等方面的权重适当调高，使传统高校篮球教学简单强调知识技能讲授，忽视学生情感态度、价值理念发展的不良状况得到有效改善；对及格率权重进行适当减少，对进步率等指标权重进行适当调高，使传统高校篮球教学重视考试成绩、优待成绩好的学生、忽视相对落后的学生、忽视学生具体发展情况的不良状况得到有效改善。此外，对高校篮球教学效率评价权重进行适当增加，即强调单位时间内能够取得的教学成效，以减少盲目追求教学目标而挤占师生休息活动时间等不良教学现象。

（四）信息化、服务化策略

若评价对象有充足的信息与建议支持，则其达成预期水平的难度会较小，若评价对象没有充足的信息支持或能够选择的机会过少，则其达到预期水平的难度相对较大。对于篮球教学来说，同样如此。实践表明，在学习过程中学生若能够通过科学有效的教学评价获得充足信息与有效的反馈，则会产生更高的学习热情，更易获得学习进步。科学、客观、公正的教学评价是各个教学环节的有力支持。因此，对于高校篮球教学评价的创新改革提出信息化、服务化策略是十分必要的。

由于高校篮球教学评价具有信息提供价值，简单将其作为鼓励教学或是评定成绩的手段是一种浪费。从教学实践来看，高校篮球教学评价在教学活动中发挥着不可忽视的服务性作用。传统高校篮球教学评价存在诸如主体单调、指标不合理、标准模糊、对象狭隘等多方面不足之处，导致高校篮球教学评价没有能够发挥出其积极导向作用。

篮球教学评价要对信息反馈与教学服务作用有充分的重视，要使这一方面的作用得到充分发挥，帮助教师开展自我反思及完善，为教师在后续高校篮球教学活动中的自我调整及更新发展提供支持；更要帮助学生更好地体验高校篮球教学活动，客观深刻地反思自身的学习行为，推动教师和学生双方的创新思维发展进步。

（五）多元合作策略

高校篮球教学评价要求主体是处于不同层面的群体，多元合作策略即强调评价的多元合作性，旨在使篮球教学评价充分客观，能对评价对象做出全面深入的了解和展示，也能从各种视角做出全面判断，为师生提供更好的参照。

1. 评价主体体系构建

要构建高校篮球教学评价的多元化主体体系，就要将教育界及体育界专家、用人单位领导、其他教师、家长、学生等归入评价主体体系中，确保意见、建议来源全面、充分。在高校篮球教学评价中，教研、行政部门及教育专家在对篮球教师授课活动的评价上起到主要作用，教师在对学生学习活动的评价上占据主导地位，家长以及其他各方面社会力量在对学生的学习评价上起着配合作用。总而言之，要重视篮球教师与学生同时作为评价者与被评价者的属性，引导各方力量积极参与到教学活动的评价过程中，保证评价结果的公正公平，确保发挥评价的作用，推动教师与学生教学相长，最终实现高校篮球教学的持续创新与进步发展。

主体多元是评价多元合作的必要前提，换言之，评价权应赋予更多的人员，即进行评价"授权"。在篮球教学评价过程中，"授权即权利授予，同时是一种信任的表现形式，相信教师与学生对自身的价值判断能够保证科学公正"。《中华人民共和国教师法（2009 修正）》中的相关内容也使教师自评具备了法律依据："考核应当客观、公正、准确、充分地听取教师本人、其他教师以及学生的意见。"《中华人民共和国教师法（2009 修正）》对篮球教师与学生的自我评价权利做出了明确规定，指出自我评价能够影响外部评价结果，在高校篮球教学中，可由多主体共同展开教学评价。

（1）学生评价。根据评价对象的不同，学生评价可以分为两类：首先是学生自我评价，其次是学生相互评价。学生的自我评价是学生针对自身学业开展的自我总结与评价，分析之前收集的有关学习表现的观察与记录资料，评价自身在单位教学时间内，或针对某一具体学习任务的完成来评价现阶段能力水平。篮球教师有责任、有义务指导学生开展自我评价，帮助学生通过评价发现自身在篮球理论知识、技战术掌握以及情感态度培养等多方面的优势和不足，指导学生在发现不足的基础上开展有针对性的提高与修正训练。将学生融入评价体系中并成为多元主体的组成部分，体现了篮球教学的人文性、民主性，学生能够借助访谈、问卷调查等途径，参与评价高校篮球教师制定的教学目标、内容、方法等各方面内容，使教师能够获得更多有关其教学活动效果的反馈。

（2）教师自我评价。在多元教学评价中，教师的自我评价是普及性最高的实践方法之一。将教师的自我评价归入高校篮球教学评价之中，本质上是教学管理者对一线教师的一种"授权"，体现了对一线授课教师的尊重与信任，由教师对自身的辛勤教学工作的价值做出科学、公正的判断，能够帮助教师树立主人翁意识，有利于激发教师对多元教学评价的参与热情，提高教师的教学积极性。篮球教师自我评价主要可通过如下三种方式表现出来：一是从自身实际情况出发深入分析自我，并在此基础上开展关于自身的评价；二是以同教研室的其他篮球教师为参照开展全方位对比，并在此基础上开展关于自身的评价；三是将他人对自己的评价作为参考，并在此基础上开展关于自身的评价。受评价尺度、评价角度等因素影响，三种不同方式的评价难免存在误差。篮球教师应当关注到这一点，保持最大程度的客观性，理智对待来自他人的评价，认真审视，深入分析，避免盲目接受和全然否定两种极端态度，要从他人立场、他人视角审视和分析自我评价的合理性。同时要注意，在选择参考对象开展对比时，要注意选择对象的可比性，切忌过高或过低，要最大程度地追求评价的客观性和真实性。

（3）同行互评。在高校篮球教学的多元评价中，同行互评也是重要的组成部分，篮球教师之间的互评主要是通过旁听课以及诊断教案来实现的，教师之间的相互评价同样是民主教学的重要体现。其中，听课评价，即在篮球教师授课过程中，本教研室其他教师同时进入篮球场地，对教学活动进行详细考察，在此基础上开展有效评价。听课评价是从不同教师处获得有关篮球课质量优劣反馈结果的最直接方法，能够帮助教师掌握高校篮球教学中自身未能注意的细枝末节，对出现在课堂中的小问题做出有针对性的改进，使自身教学水平更上一层楼。诊断教案，即评价对象将自己确定的教学目标、内容、方法一一呈现出来并接受来自同行的全方位评价，同行教师针对上述方面提出参考意见，帮助篮球教师提高教学实效性。

（4）专家评价。在高校篮球教学多元合作评价中，专家评价是补充环节。专家评价具有鲜明的诊断性特点，即校方聘请业内专家、学者到篮球教学现场，对教学活动开展评价与指导。专家评价能够起到督促推动作用，使篮球教师更加积极主动地解决问题，努力改善教学质量。来自业内专家、学者的评价更加客观、科学、真实，普遍来说，专家学者的立场更加客观，针对教学提出的问题与建议也更加真实可靠，既能使篮球教师的视野得到扩展，又能使篮球教师科学判断教学现状。相关实践表明，专家评价具有培养引导作用，能够帮助篮球教师根据自身情况形成科学有效的教学风格。

2. 养成并构建多元合作风气与机制

高校篮球教学评价的多元合作策略，不能只是心血来潮，不能成为仅凭一时兴趣而被短暂热捧的评价策略。多元合作策略应当同高校篮球教学实际结合起来，根据具体情况制订科学方案并长期实行，构建科学合理的合作评价机制。要坚持评价过程中体系内部的相互合作、沟通交流，使评价对象的主观能动性被充分发挥出来，推动高校篮球教学向互相促进、彼此信任的良性循环模式发展。

（1）要强调主体的多元性。高校篮球教学参与者应保持积极主动、开放协作的心态，积极欢迎多元主体加入篮球教学评价，通过多元主体参与评价，为评价过程提供客观、有保障的环境。

（2）要使多元主体产生参与评价的热情。多元主体参与教学评价，不同主体表现出的评价热情必然不会相同，与评价结果联系更加紧密的主体将表现出更强烈的评价热情，而评价热情的高低与评价成效呈正相关。高校篮球教学评价应充分调动评价主体的参与热情，使各个评价主体切实体会到评价对自身发展的重要意义。举例来说，要鼓励学生加入高校篮球教学评价，篮球教师就要摒弃高高在上的裁判式评价，在课堂上建立平等合作关系，引导学生形成与其他学生、教师相互合作的关系；篮球教师应充分利用自身在教学过程中的主导地位，引导学生在评价过程中保持客观认真的态度，及时准确地反映学生心声，从中产生发展的动力，树立教书育人的使命感、责任感。

（3）构建定期、不定期相互结合的评价制度。有部分教师、学生和家长将评价与检查等同起来，然而在实际教学中，篮球教学评价是高校篮球教学必不可少的内容，教学评价的目的不在于检查，而在于推动和促进发展。在定期评价中，各方面参与者会有更加充足的准备时间；在不定期评价中，各方面参与者会有更加自然和真实的评价情境，在情境性测评中获得更多展现机会。可以说，定期和不定期两种测评方式各有作用，二者不能相互取代，应将这两种评价方式灵活结合起来，综合运用。

（六）"对话—交往"策略

在高校篮球教学评价中坚持"对话—交往"策略是非常重要的，"评价式对话"是高校篮球教学评价发展的必然趋势。

1. 应在评价中构建多重关系

在高校篮球教学评价过程中，无论是评价者与教学参与人员之间、调查者与被调查对象之间，还是评价者与评价对象之间，都客观存在对立性矛盾，然而我们必须认识到，上述矛盾并非"敌我"矛盾，不存在非此即彼的关系，而是呈现出"多"对"多"的关系，评价主体"多"，如行政领导、教研主任、专家学者、其他教师等，评价对象"多"，如教师、学生、篮球课质量效率等。由此可见，高校篮球教学评价从内在构成来看呈现出"多"对"多"的关系。

2. 应构建长期的多元对话平台

高校篮球教学是具有多元化、动态化的长期活动过程，篮球教学评价不可能一次性解决全部问题，教学评价必须常态化，必须有多方主体的长期有效沟通和交流支持。构建常态的交流沟通渠道是实施"对话—交往"策略的重点所在。

（1）构建多层次评价平台

在学校内部，可由篮球教研室发挥带头作用，定期召开例会，通过这一方式为篮球教师提供集体评课、备课机会。校方可充分利用当代信息技术，设置篮球教学论坛专区，引导教师积极沟通篮球教学中的问题。在高校篮球课堂教学环境中，教师应发挥主导作用，为师生之间以及学生之间的交流构建空间，使学生在高校篮球教学评价方面获得更多机会。另外，教师要主动设置教师信箱、留言簿等，为学生意见表达提供更多渠道。学校要对全体师生敞开网络资源，利用网络资源交流的方式实现相互学习、相互借鉴，同时，充分利用网络的虚拟性，给师生构建匿名的评课空间，加大评价的自由度。

（2）鼓励并养成对话习惯

在评价过程中，"当面不说，背后乱说"的滥用现象屡见不鲜。评价的主要目的在于推动评价对象的改进发展，"背后乱说"的最主要原因在于评价者和评价对象之间缺乏正面对话，交流不顺畅。因此，在高校篮球教学过程中（而非教学评价过程中）应保持广泛的对话与交流，减少参与教学和教学评价活动各方之间的误解与冲突，使评价的客观性更强。

（3）建立真实、平等的对话机制

在高校篮球教学评价创新改革中，稳定、长期的对话协作评价机制是必要条件，这种对话协作评价机制使评价者以及高校篮球教学的各方面参与者都在制度层面上有了多元化的交流空间。评价过程建立真实、平等的交流对话机制是十分必要的，要鼓励、引导学生积极融入教学评价过程中，给师生创建顺畅的对话平台。

参考文献

[1] 王翠，周元．高校篮球课程教学优化与探索［M］．北京：中国水利水电出版社，2019.

[2] 林芸，张文哲．高校篮球教学的优化探索［M］．北京：九州出版社，2021.

[3] 杨改生．中国篮球运动发展研究［M］．开封：河南大学出版社，2014.

[4] 朱亚男．高校篮球运动教学与训练研究［M］．北京：九州出版社，2017.

[5] 王振涛．篮球教学理论与应用研究［M］．北京：中国书籍出版社，2017.

[6] 王小安，张培峰．现代篮球运动教程［M］．北京：北京体育大学出版社，2007.

[7] 谭晓伟，岳抑波．高校篮球教学开展的理论与实践研究［M］．长春：吉林人民出版社，2018.

[8] 纪德林．高校篮球运动教学与训练的指导及优化［M］．北京：北京工业大学出版社，2020.

[9] 丛向辉．高校篮球运动开展研究与教学创新［M］．北京：中国纺织出版社，2018.

[10] 单宇．高校篮球教学改革与创新研究［M］．青岛：中国海洋大学出版社，2022.

[11] 包牧人，李超，张彦．高校篮球课程教学优化与探究［M］．长春：东北师范大学出版社，2021.

[12] 钱光田．篮球训练理论与实践方法研究［M］．北京：中国商务出版社，2014.

[13] 王璐．论我国高校篮球训练创新模式的探讨［J］．当代体育科技，2013，3（14）：29-30.

[14] 徐伟宏．篮球队伍管理与心理训练［M］．北京：知识产权出版社，2013.

［15］彭海生．篮球教学中运用篮球游戏教学的策略［J］．当代体育科技，2016，6（3）：49－51.

［16］张震．"体验式学习"在高校篮球教学中的应用［J］．西部素质教育，2019，5（2）：74.

［17］黄廷芳．比赛教学法在高校篮球教学中的应用研究［J］．体育世界（学术版），2018（8）：119，140.

［18］罗锋．多元化教学模式在高校体育篮球中的应用［J］．当代体育科技，2018，8（5）：66－67.

［19］李俊．翻转课堂在高校篮球教学中的可行性分析及应用研究［J］．当代体育科技，2018，8（29）：75，77.

［20］李宗烈，侯安琪，刘维韬．我国高校篮球课教学发展现状及其优化对策研究［J］．当代体育科技，2020，10（5）：68－69.

［21］陈龙强，何其辉．翻转课堂教学模式在高校篮球教学中的实施路径研究［J］．当代体育科技，2018，8（13）：117，119.

［22］陈志贤．高校篮球教学改革影响因素探究与发展趋势分析［J］．当代体育科技，2018，8（33）：94－95.

［23］严雪姣．高校篮球教学模式改革的设想与思路［J］．体育世界（学术版），2018（1）：148－149.

［24］周万斌，潘宏伟，赵猛，等．高校篮球俱乐部教学模式的探索与研究［J］．体育世界（学术版），2018（12）：3－4.

［25］房晓伟，方磊．高校篮球课程教学中如何做到以学生为中心［J］．科技资讯，2018，16（4）：206－207.

［26］刘建中．高校篮球课程慕课平台体系建设与应用［J］．南阳师范学院学报，2018，17（3）：75－78.

［27］丁一夫．分层教学法在高校篮球教学中的应用探究［J］．当代体育科技，2016，6（11）：50－51.

［28］邱俊俊．多元化教学模式在高校篮球教学中的运用［J］．教育现代化，2018，5（35）：256－257.

［29］王健鑫．篮球游戏在高校篮球体育教学中的应用探析［J］．当代体育科技，2016，6（13）：33－34.

［30］王维．篮球教学过程的理论及结构优化研究［J］．当代体育科技，2016，4（18）：74，76.

［31］赖义森．高校篮球训练理念以及训练方法研究［J］．当代体育科技，2016，6（3）：27，29.

[32] 刘烜华.多元化教学模式在高校篮球教学中的运用研究 [J].科技资讯,2016,14 (6):112-113.

[33] 杨成军.高校篮球课程教学改革与创新探索 [J].湖南城市科学学院学报 (自然科学版),2016,25 (6):193-194.

[34] 刘孟波.新时期高校篮球教学改革路径探析 [J].冰雪体育创新研究,2022 (16):118-121.

[35] 王薇.试论常见篮球教学的训练方式和改进对策 [J].教育现代化,2018,5 (46):124-125.

[36] 吴俊杰.新时期高校篮球教学理念与模式创新研究 [J].课程教育研究,2017 (20):204.

[37] 程斌.高职院校篮球信息化教学模式研究 [J].常州信息职业技术学院学报,2019,18 (4):24-27.